ファーストコールカンパニーシリーズ

社員も顧客も幸せになる会社のつくり方

山村 隆／大森光二／松本宗家 著
タナベ経営「人を活かし、育てる会社の研究会」チーム 編

ダイヤモンド社

はじめに

〝誰もが幸せ〟な会社をつくる

関わる誰もが幸せになる、そんな会社をつくることはできないか――?

本書執筆の話をいただいたとき、脳裏に浮かんだのが、この問いでした。

私たち（山村・大森・松本）は経営コンサルタントとして、主に中堅・中小企業の経営戦略やＨＲ（人事）などの領域を担当しています。実は一〇年以上、この問いを頭のなかで何度も何度も繰り返してきました。誤解を恐れずに言えば、〝不幸せ〟な会社があまりに多かったためです。

「前年比」という数値に毎日追いかけられ、上がり続ける目標の必達プレッシャーにさらされる社員。「これが人間にかける言葉か?」と言いたくなるほどの罵倒を部下に浴びせる上司。（失礼ながら）義務を果たさず、権利だけ主張して会社に依存する部下。過去の財産や資産が生み出す営業外利益だけで食べているような、やる気のない会社……。

これまで数え切れないほどのコンサルティングプロジェクトに関わりながら、このような会社も多く見てきました。売上高と利益のどちらも前年比三〇〇％を超えた会社であっても、職場の社員に笑顔は見られませんでした。

こんな例もありました。ある会社の社長が、経営計画で一〇〇〇億円の売上目標を掲げた直後、幹部社員が「社長、なぜ一〇〇〇億円なのでしょうか？」と尋ねました。すると社長は「キリがいいから」とだけ答えたのです。その瞬間、「なんだそりゃ？」と場の空気は一変しました。社員は「キリのいい数字」のために働いているわけではないのですから。

例えば、トヨタ自動車の売上高は約三兆円（二〇一七年度時点）です。では売上高一〇〇〇億円の会社は、トヨタの約三％の価値しかないのでしょうか。そんなわけがありません。みんなが頑張っている毎日が顧客や社会の役に立っている商品、そのような評価であっていいわけがないのです。

なぜ、人は働くのか。なんのために会社は存在しているのか。「生活の糧を得るため」ということだけで、がむしゃらに働き続けるのは無理があるのではないか。人が働く理由とは――？

その答えを見いだそうと、ビジネス書をひもとき、多くのクライアント企業を視察したり、またプロジェクトに関わったりするなかで、私たちは気づきました。「会社とは、みんなが幸せになるためにあるのではないか」と。

「ただの理想論にすぎない」「現場を見てみろ」といわれたこともあります。しかし、私たちは自信を持っていい切れます。「〃誰もが幸せ〃な会社はつくることができる」と。なぜなら、私たちのコンサルティングは常に現場で行っていますし、実際にそのような会社と何社も出会うことができたからです。

社内の誰もが幸せそうに仕事をし、顧客はもちろん、その会社に関わる取引先の人たちも幸せになっていく。そんな関わる誰もが幸せになる会社を一社でも多くつくるため、クライアント企業を支援することができないだろうか。

そこで、どうすればそんな会社をつくることができるのかを突き詰めたところ、そこには「レシピ」があることがわかりました。通常、事業を進めるうえで失敗は必然であり、成功するかどうかは運の要素もあるといわれますが、「人事」の観点から見ると、成功例には必ず共通点があるのです。それを三人のコンサルタントが協力してまとめたものが本書です。

利益は幸せを創出し続けるための手段

社会学においては、「ゲマインシャフト（血縁や地縁などの人間関係で結びついた組織）」と、「ゲゼルシャフト（利益や機能の最大化のために結びついた組織）」という二つの考え方があります。ざっくりといえば、会社はゲマインシャフトから、ゲゼルシャフトへと移行が進みましたが、これからは、経済や産業が成熟して社会保障制度も整備された結果、生きていくのに困らない、誰もが目的を考えながら生きられる時代になります。つまり、これからの時代は「ハピネスシャフト」とも呼ぶべき、他人も自分も幸せにするために組織がつくられるような、新たなステージに入っていくのではないでしょうか。

私たちは、誰かを幸せにするために、幸せに生きるために、自分を活かし、存在したいと願っているはずです。そして、一人ではできないことを皆で実現するため、会社というものがあるはずです。いくらおいしい食事でも一人で食べるとつまらないように、誰かが幸せになってくれるから、自分も幸せになるはず。それならば、意味のある目的を達成することに、会社というものの価値があるはずです。

もちろん、企業は営利団体ですから、利益も重要です。お金は会社にとって血であり空気のようなものです。とはいえ、私たちは空気を吸うために生きているわけではありません。つまり、利益は幸せを創出し続けるための手段なのです。

昔は規模の拡大を経営者の見栄やエゴだと思っていた人も多かったですし、「売上げの大きさ＝企業のステータス」だと単純に考える人がいることも事実です。しかし誰もが幸せになることが目的だと考えると、拡大・成長することにも意味はあると腹落ちします。

例えば、人々を幸せにすることが目的の会社であれば、会社の規模が大きくなることで、より多くの人を幸せにできます。社会にはさまざまな課題があふれていますが、人々を幸せにできる会社が大きくなれば、課題をより大規模に解決できるでしょう。課題の解決を継続するために、自己資本比率の強化をはじめとした財務の安全性向上を図るのも当然のことです。一人でも多くの志を共有する仲間が増えれば、より多くのインパクトを出せるため、社員を採用することと自体に意味があります。何より、幸せに働く人を増やすことができます。

このように、人々を幸せにすることと、売上げや利益を確保したり、会社の規模を大きくしたりすることは、何ら矛盾することではないのです。

ハピネスカンパニーを目指そう

こうした背景から、第1章で「誰もが幸せになる会社＝ハピネスカンパニー」と定義していますが、これが、なぜ今の社会で必要とされているのかについて触れています。ハピネスカンパニーを目指すことに大きな意義があることを理解していただけると思います。

第2章では、ハピネスカンパニーを実現するためのステップを五段階に分けて示しました。経営理念をはじめ、ビジョン・行動規範を見直したり、つくり直したりするところから始め、それに合致した形で人事制度など各種社内制度を整備していきます。その過程を事例とともに記しました。「社員を大切にする」とはどういうことなのか。「働きやすい職場」と「働きがいのある職場」はどう違うのか。働きがいのある職場を目指すことこそ、真の社員満足実現につながると理解していただけるでしょう。

第3章では、ハピネスカンパニーを実現するために、人事面のみならず、経営全体としてどう取り組むべきか、その道筋を整理しようと試みました。会社のポジショニングをいかにとるべきか。組織風土・文化をいかに醸成していくべきか。「タレントマネジメント（人材の能力や技術を最大限発揮してもらうための全社横断的かつ戦略的な仕組み）」「ノー・レイティング（社員をランク付けする年次評価を廃止すること）」「ホラクラシー（従来の階層・権限集中型組織とは真逆の、非階層・権限分散型）」など、人事政策や組織政策の新しい潮流も取り上げました。

第4章では、実際にハピネスカンパニーをつくった、あるいは現在、つくろうとしている企業の事例を挙げました。ハピネスカンパニーが決して夢物語ではなく、現実に存在し、確実に機能していることを知っていただけると思います。

本当にハピネスカンパニーをつくることができれば、結果として売上げも利益も生まれます。それは統計的にも実証されています。ハピネスカンパニーとは、厳しい経営環境を生き残る唯一ともいえる道であり、逆にこれを軽視すれば、人が集まらず、優秀な人材には見放され、結果として売上げや利益に恵まれず、生き残りが危うくなるといっても過言ではありません。ポジティブに考えても、ネガティブに考えても、待ったなしの施策なのです。

働き方を改革したり、モチベーションを上げたりという言葉や施策に傾倒するのではなく、本来私たちがやるべきことは、「すべては幸せのために」というマインドセットであり、思考の枠組み改革なのです。このムーブメントにご一緒いただければ、私たちにとってこれほどの喜びはありません。

二〇一八年二月

タナベ経営「人を活かし、育てる会社の研究会」チーム
山村 隆

社員も顧客も幸せになる会社のつくり方◎目次

CONTENTS

第2章 「誰もが幸せになる会社」への5つのステップ

第3章 社員が集まる会社をつくる

第1章

「誰もが幸せになる会社」になるために

（山村隆）

今一度、原点に返ることから始まる

ここ数年、「ブラック企業」という言葉をよく耳にするようになりました。その定義はあいまいですが、共通しているのは、長時間労働、違法残業、低賃金、ハラスメントの蔓延、大量離職などが挙げられます。学生時代、授業中に居眠りをしてゲンコツをもらったり、部活中に水を飲んで怒られたりするのが普通だった三、四〇代の人間にとって、気合いで働くことは当然の感覚でした。ハードなコミュニケーションや無理を強いるマネジメントは、どう考えても人間としておかしいことにやっと気づいた状態といえます。

この背景には、さまざまな要因が考えられます。教育問題はさておき、ここでは会社側の三つの原因を挙げていきます。一つ目は、高度経済成長期のままの働き方を続けていること。二つ目が、自社の付加価値を上げてこなかったこと。三つ目が、社内のパワーバランス（力関係のつり合い）の偏りです。

まず、働き方について。日本企業の制度は終身雇用の職能型正社員（「正」という言い方に違和感があるかもしれませんが、一般用語として使用します）が前提でした。つまり、経済も会社も成長する時代においては、ポジションも給与も増加するので、正社員は会社に対し職業選択の自由（他社への転職）を差し出す代わりに、それなりの昇給・昇格と雇用の維持が約束されていたのです。時代背景に鑑みて誤解を恐れずにいえば、ある種のギブ・アンド・テイクが成立していたともいえるでしょう。

しかしこれは、「何を命令されても従うしかない」といっても過言ではないほどの無制限の権利が会社側にあったともいえます。結果として、生活を投げ打ってまで働くことが評価されるような風潮が蔓延し（残念ながら今でも多くの会社でこの傾向はありますが）、メンタルダウンや過労死などを生み出してしまいました。このような価値観は、人として許されない悲劇を生んだ半面、日本を敗戦の焼け野原から経済大国へと成長させた〝原動力〟にもなったわけで、そうした苦労を経て会社や家族を引っ張ってきた先達には、感謝してもしきれない面もあります。

このように「団塊の世代」と呼ばれる人たちは、戦後復興と経済成長という大きな課題を、多大な自己犠牲とともに解決してくれました。だからこそ、その結果生じているさまざまな弊害は、豊かさを享受し、現代社会に生かされている私たち現役世代が解決すべき宿命ともいえるのではないでしょうか。

次に付加価値についてです。結論からいうと、付加価値が低いということは、他社との価格競争に巻き込まれる→利益が下がる→会社も人も体力勝負になる、という負のスパイラルに陥ってしまうということです。残念ながら、マクロで見ても、ミクロで見ても、日本企業の付加価値は相当に低いと言わざるを得ません。

まず、マクロで見ると、日本は名目GDP（国内総生産）が世界三位と経済規模では大きな国ですが（**【図表1―1】**）、付加価値（＝GDP）を就業員数で割った単位当たりの労働生産性は、主要先進七カ国中最低の水準です（**【図表1―2】**）。しかも米国の六割程度しかありません（**【図表1―3】**）。人口が減っていくオーナス期に入る日本は、「ジリ貧」スパイラルに入っているといえます。

ミクロで見ても、日本企業の付加価値は総じて低く、特に規模が小さくなるほど付加価値は低下していく傾向があります。日々猛烈に努力している企業もいらっしゃるので、こんな言い方で片づけてはいけないのですが、利益が出ない→社員を新たに雇う余力がない→現有戦力で仕事を回す→サービス残業を許容してしまう→長時間低賃金労働が発生、となってしまっているのが現状といえます。

最後は、社内のパワーバランスの偏りです。環境の変化、低い付加価値という状況に対し、生き残るためにトップが脳に汗をかくべきところ、ひたすら社員がひたいに汗をかいて頑張るだけという構図を生んでしまいました。戦略の失敗を押しつけられる現場、社長に何もいえない社員、リソースを与えられずに商品を作らなければならない企画・開発担当者。あるいは付

図表1-1　名目GDP上位20カ国（単位:億USドル）

Rank	Country	2015	2010	2005	2000	1995
1	United States	181,207	149,644	130,937	102,848	76,641
2	China	112,262	60,664	23,088	12,149	7,369
3	Japan	43,799	57,001	47,560	48,873	54,508
4	Germany	33,773	34,235	28,663	19,557	25,944
5	United Kingdom	28,633	24,312	25,112	16,387	13,206
6	France	24,348	26,518	22,075	13,725	16,112
7	India	20,899	17,085	8,342	4,766	3,666
8	Italy	18,258	21,290	18,558	11,451	11,715
9	Brazil	18,015	22,087	8,916	6,555	7,865
10	Canada	15,528	16,135	11,695	7,423	6,040
11	Korea	13,828	10,945	8,981	5,616	5,564
12	Russia	13,659	16,385	8,206	2,790	3,368
13	Australia	12,299	12,497	7,348	3,993	3,798
14	Spain	11,936	14,343	11,593	5,971	6,124
15	Mexico	11,523	10,511	8,663	6,796	3,466
16	Indonesia	8,611	7,553	3,108	1,795	2,442
17	Turkey	8,594	7,723	5,012	2,731	2,333
18	Netherlands	7,584	8,379	6,797	4,140	4,469
19	Switzerland	6,792	5,832	4,088	2,723	3,428
20	Saudi Arabia	6,543	5,268	3,282	1,895	1,432

出典：IMF「World Economic Outlook Databases」

図表1-2　主要先進7カ国の労働生産性の順位の変遷

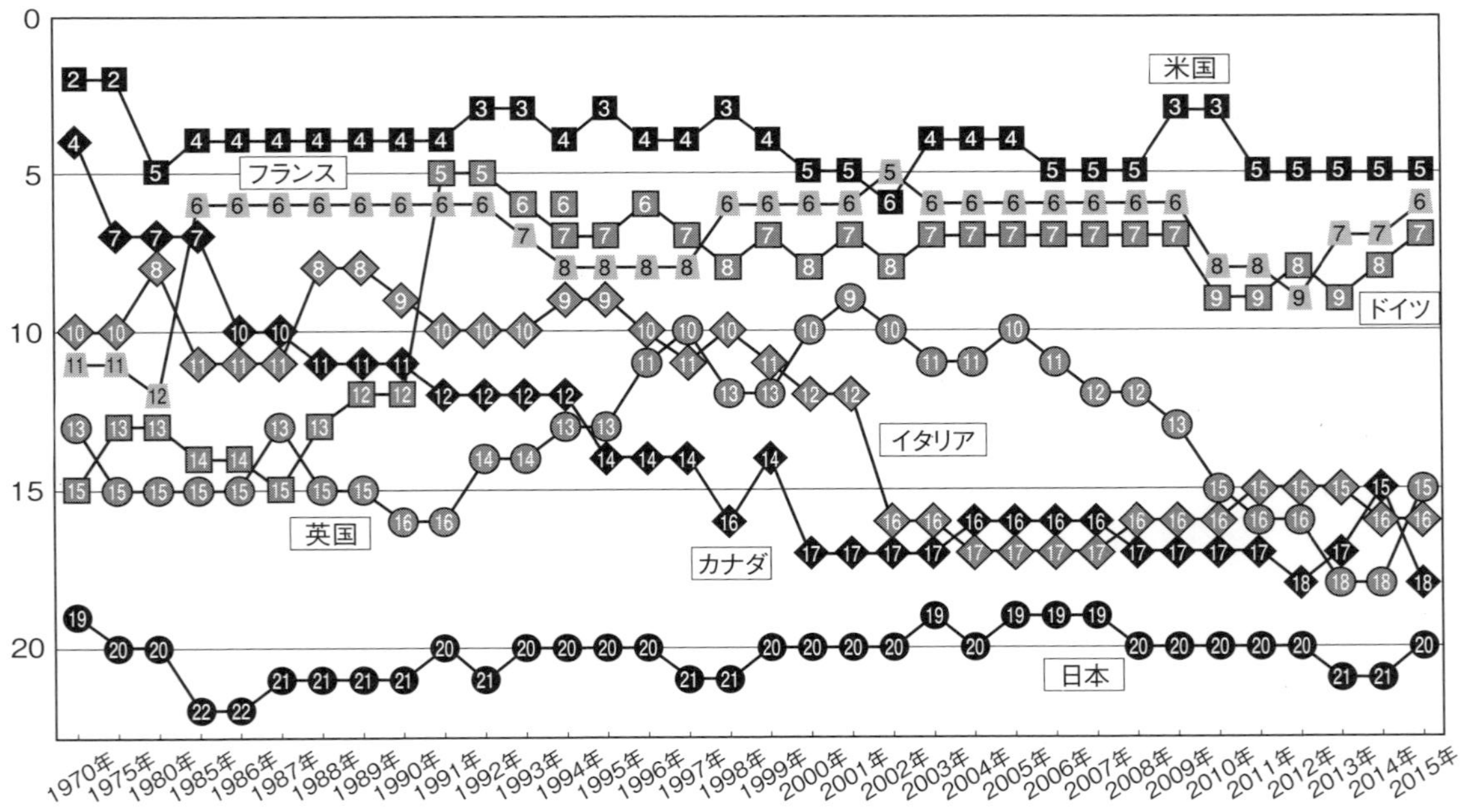

出典：日本生産性本部「労働生産性の国際比較 2016年版」

図表1-3　日本の生産性は米国の6割強の水準（米国＝100）

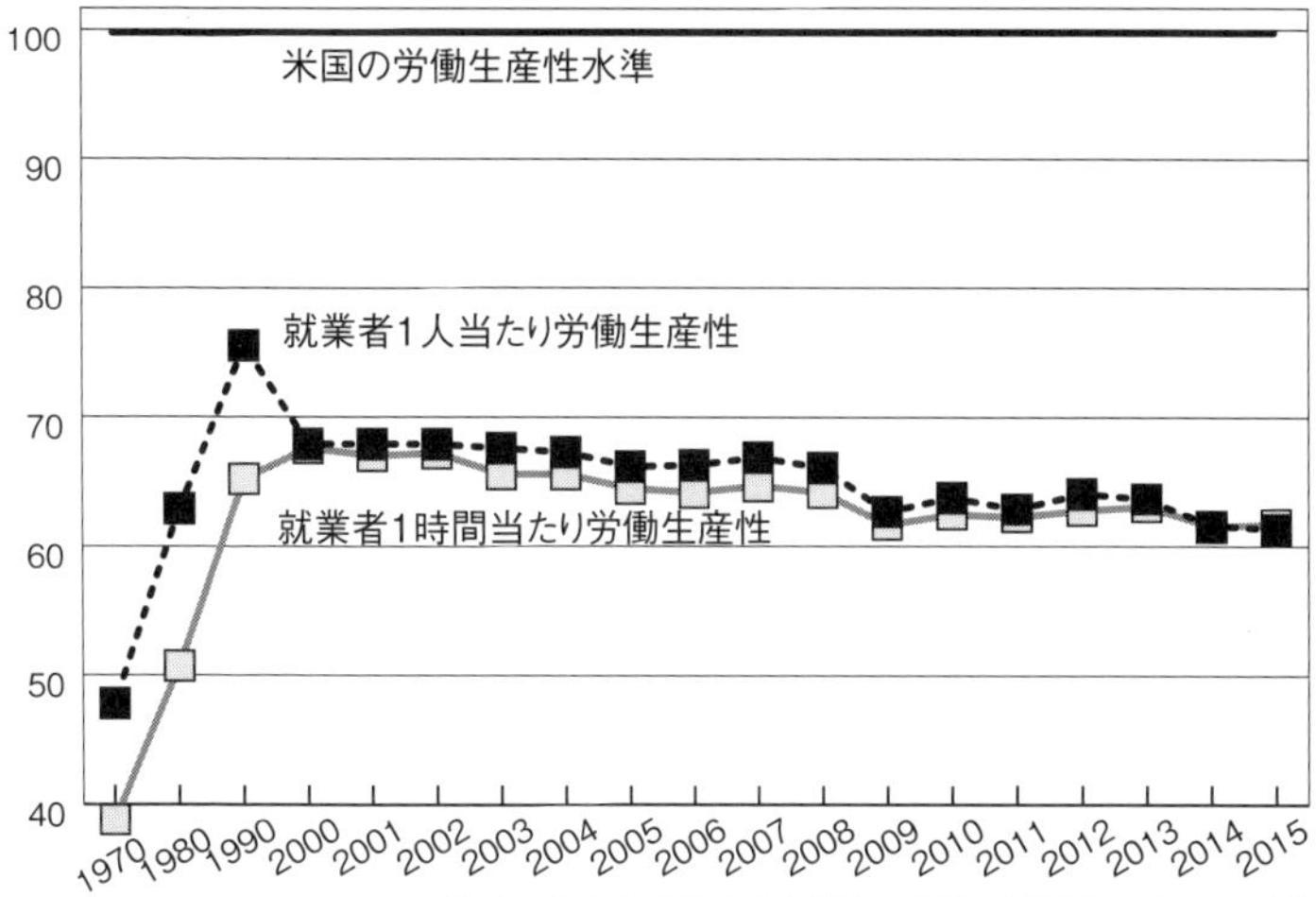

出典：日本生産性本部「労働生産性の国際比較 2016年版」

加価値の低いモノやサービスを、スーツがすり切れ、靴底もすり減るほど歩き回って販売する営業担当者。無理な売り込みで顧客との信頼関係は失われ、オフィスには毎日叱責が飛び交い、クレーム電話が鳴り止まないなか、社員は苦しい顔をして働く……。

タナベ経営は一九五七年の創業以来、これまで六〇年余りにわたり六〇〇〇社以上のクライアント企業とともにコンサルティングプロジェクトを実施してきました。失礼を承知でいえば、このような現場は少なくありませんでした。そして、そのような会社のほとんどが同じような雰囲気に包まれています。なぜかというと、業績が悪いと「犯人探し」が始まるからです。本来は一人ひとりが共に働く仲間のはずなのに、です。本当に悲しいことです。

〝負のレース〟からの脱出方法

ここまで述べてきたようなブラック企業問題は、基本的に残業問題だけが語られがちです。しかし、そのような短絡的な視点では、当然ながら次のような問題が表出します。

- **製品の製造時間を少なくすると、必然的に製造数が減り、業績も下がる（給与も当然下がる）**
- **製品の単位当たり製造時間をさらに短くしても、業績に与えるインパクトは小さい**
- **改革の痛みやリスクを吸収するだけの体力（＝キャッシュ）がない**

それもそのはずです。むしろ問題があるから残業しているわけで、それが解決できるなら、とっくに定時で帰っているはずです。また、良いことではないのですが、残業代を頼りに生活している社員がいることも多く、その場合、残業が減った分を給与で補填しなければ、その社員は会社を去ってしまいます。結局、生産性は変わらないということが多いのです。

このことに、誰もがうすうす気づいているのではないでしょうか。一単位当たりの生産時間やコストを下げていった先に、これ以上希望がないということを（もちろん新製品製造のための技術の蓄積や、社員育成のために必要な場合もあります）。そもそも、どれだけその製品を早く、安く作ったとしても、売れなければ何の意味もないのです。大切なのは、外の変化を捉え、常にそこへ自社をフィットさせていくことなのです。しかし、とにもかくにも小さな改良（インプルーブメント）にとどまってしまい、改革（イノベーション）を伴わないことが多く、気づいたときには社員も財務体質も疲弊しきっているのです。

では、この〝負のレース〟からどうすれば下りられるのか……。それを人事領域から考えると、シンプルながら力のある解決策が見いだせました。本書では、それを「レシピ」と表現しています。なぜなら、料理や菓子を作る際、レシピ通りに作らないとうまくいかないように、何事も手順があるからです。

そのレシピとは、三つの区分に分かれたフローチャート通りに、人事施策をブレークダウンしていくということです（【図表1－4】）。次に、それぞれ順を追って説明しましょう。

図表1-4　人事施策のフローチャート

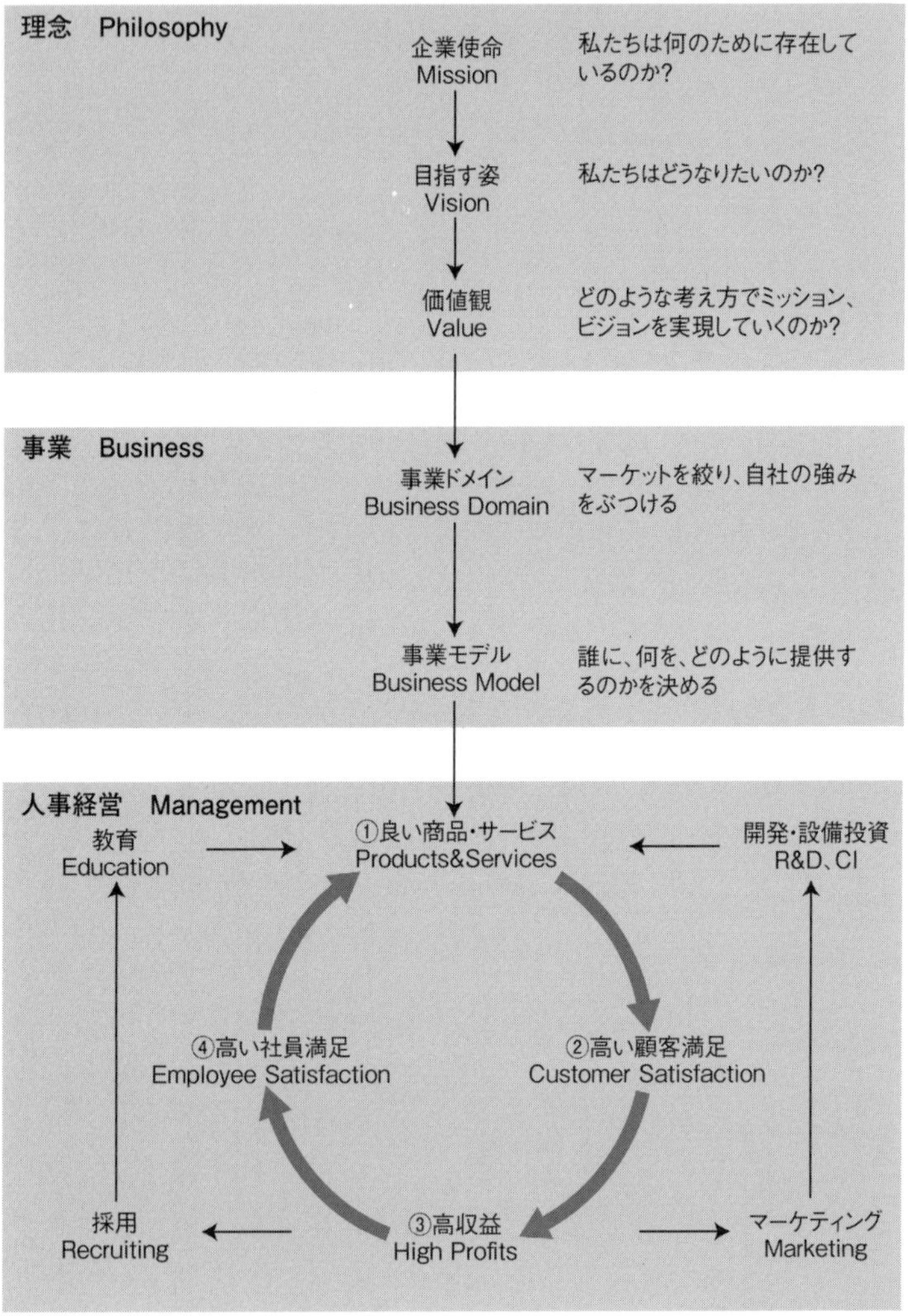

出典：タナベ経営

①「理念」区分：Philosophy

理念がなければ何も始まりません。なぜ、その企業が存在するのかという存在意義・目的だからです。人事制度の構築や組織改革の依頼をいただいても、もしここが明確でなかったり、形骸化していたりしたら、何をおいてもここから始めるほど重要です。総務省の「日本標準産業分類」によると、小分類で五三〇、細分類で一四〇〇もの産業が日本には存在しています。つまり、どの産業も利益が出ているから成り立っているわけで、ある意味、何をやっても成功することは可能なのです。

しかし、「なぜ、やるのか」という命題がなければ始められませんし、そこにエネルギーもかけられません。また、最も大きな判断基準を欠くことにもなります。だから、理念こそがすべての出発点になるのです。

②「事業」区分：Business

「なぜ、やるのか」が決まったら、「何を、どうやるか」を決めます。それがこの「事業」の区分です。例えば、途上国を中心にマイクロファイナンス（金融サービス）事業を手がける「五常・アンド・カンパニー」の代表取締役・慎泰俊《しんてじゅん》氏は、自身の過去の大きな葛藤から、「誰もが自らの宿命を乗り越え、より良い人生を勝ち取る機会を有する世界をつくる」というビジョンを掲げ、そのためには金融アクセスを人類にとって当たり前のものにすることが重要として、この事業を立ち上げました。非常に筋の通った話だと、誰しもが共感できると思います。

事業区分を整理すると、大きく二つのフェーズがあります。まず、「ビジネスドメイン＝事業範囲」を切り取ることから始まります。勝てる場を発見すること、自らが「ファーストコール（顧客から一番に声をかけてもらえる存在）」になることが重要です。例えば今、都心で差別化要素がないカフェを開いたとしても、味もコストもスピードも雰囲気も、大手には勝てません。しかし、高所得者層に向けたバターコーヒー専門店なら、競合がいないためトップに立てるかもしれません。この場合、ビジネスドメインは「コーヒー販売」ではなく、「健康支援」という領域です。だから競合が存在せず、価格競争がないため一番になる可能性が高まるのです。

タナベ経営がコンサルティングを行う際は、例えば不動産業ではなく「住まいと暮らし」を支援するというように、スコープ（照準）を変えることによって事業領域を独自に定義します。ここを間違えると、競合過多になったり、ニーズがまったくなかったりということになりかねないので、注意が必要です。

次に、ビジネスモデルです。具体的には「WHO／WHAT／HOW＝誰に、何を、どのように」提供するかを考えることです。例えば、ダイワハイテックスという企業は「きれいな本をお客さまに届けたい」という書店の思いに応え、コミックを包装するという新たな市場を生

図表1-5　人事経営サイクル

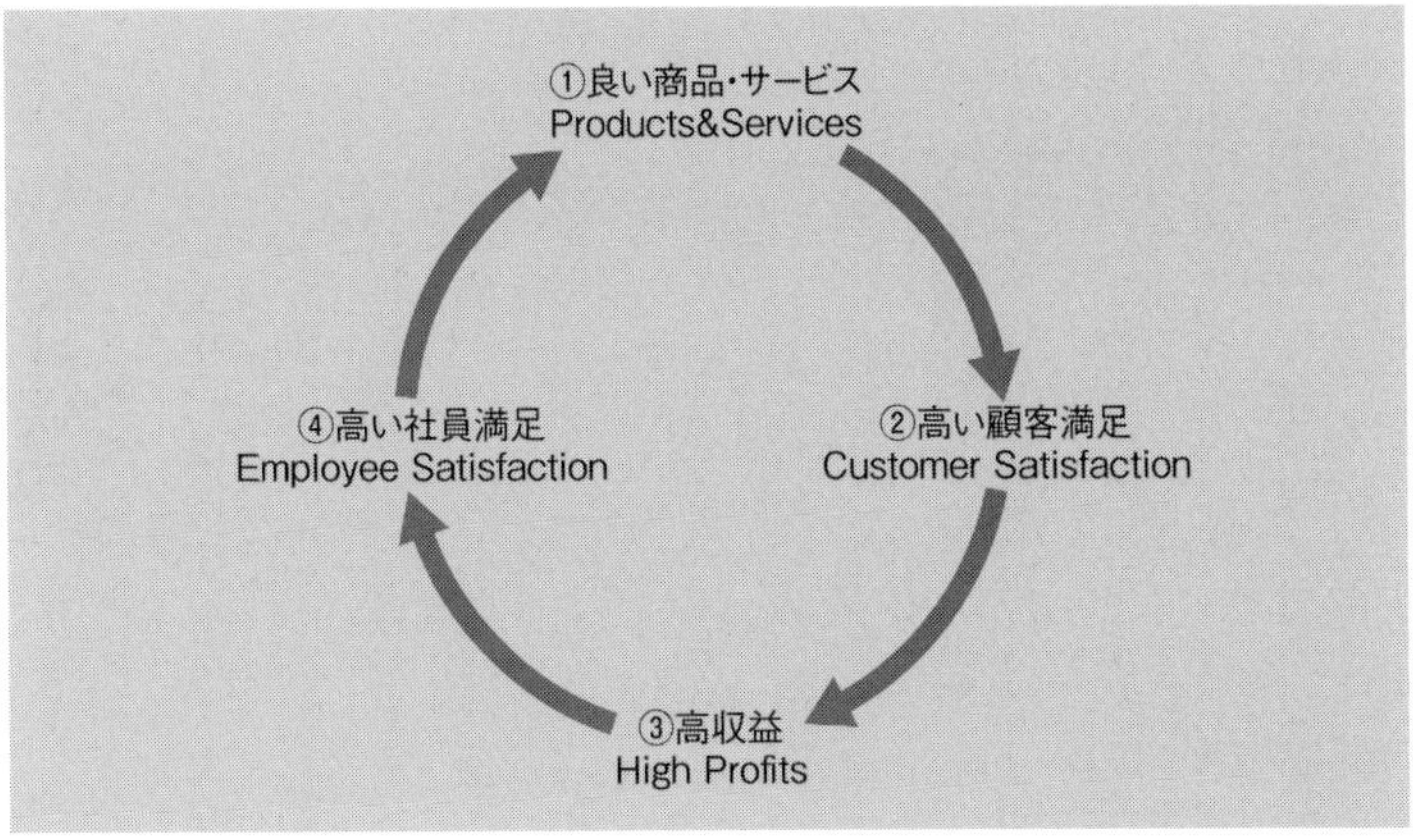

出典：タナベ経営

み出しました。当初は売れるわけがないと誰もが思っていたのですが、確固たる信念と確信により市場を創造し、今では九〇％以上の圧倒的マーケットシェアを獲得しています。「ＷＨＯ＝書店に、ＷＨＡＴ＝きれいな本を届けることのできるシュリンカー（包装機）・包装資材・メンテナンスなどのサービスを、ＨＯＷ＝独自技術による製品開発＋書店に特化した営業」で提供されており、最良の事例といえます。そして今後は培った独自技術やビジネスメイキングの強みを活かし、セキュリティー関連事業など書店の繁栄支援を行うとともに、物流業界への包装マーケットへとさらなる成長・拡大が期待されています。

③人事経営：Management

そして最後に、具体的なマネジメントの領域に入ります。【図表1－5】のように、①良い商品・サービス→②高い顧客満足→③高収益→④高い社員満足、が理想的なサイクルです。この善循環サイクルが回れば、③の高収益をエンジンとして、リソースアロケーション（資源の配分）がさらなる好循環を生み出します。採用や教育、マーケティングリサーチや開発を行うことで、さらなるサービス向上や社員満足にもつながるからです。私たちはこれを、「人事経営サイクル」と呼んでいます。

レシピは二つある

人事経営サイクルは理想的なのに、現実はその通りに流れていない――。そこに私たちコンサルタントの存在価値があります。百社百様だからこそ、各社オリジナルのレシピが存在し、それを正しく進めなければうまくいきません。とはいえ、その方法については、これまでの経験上、大きく二つに分けられます（【図表1－6】）。

図表1-6　収益継続性マトリクス

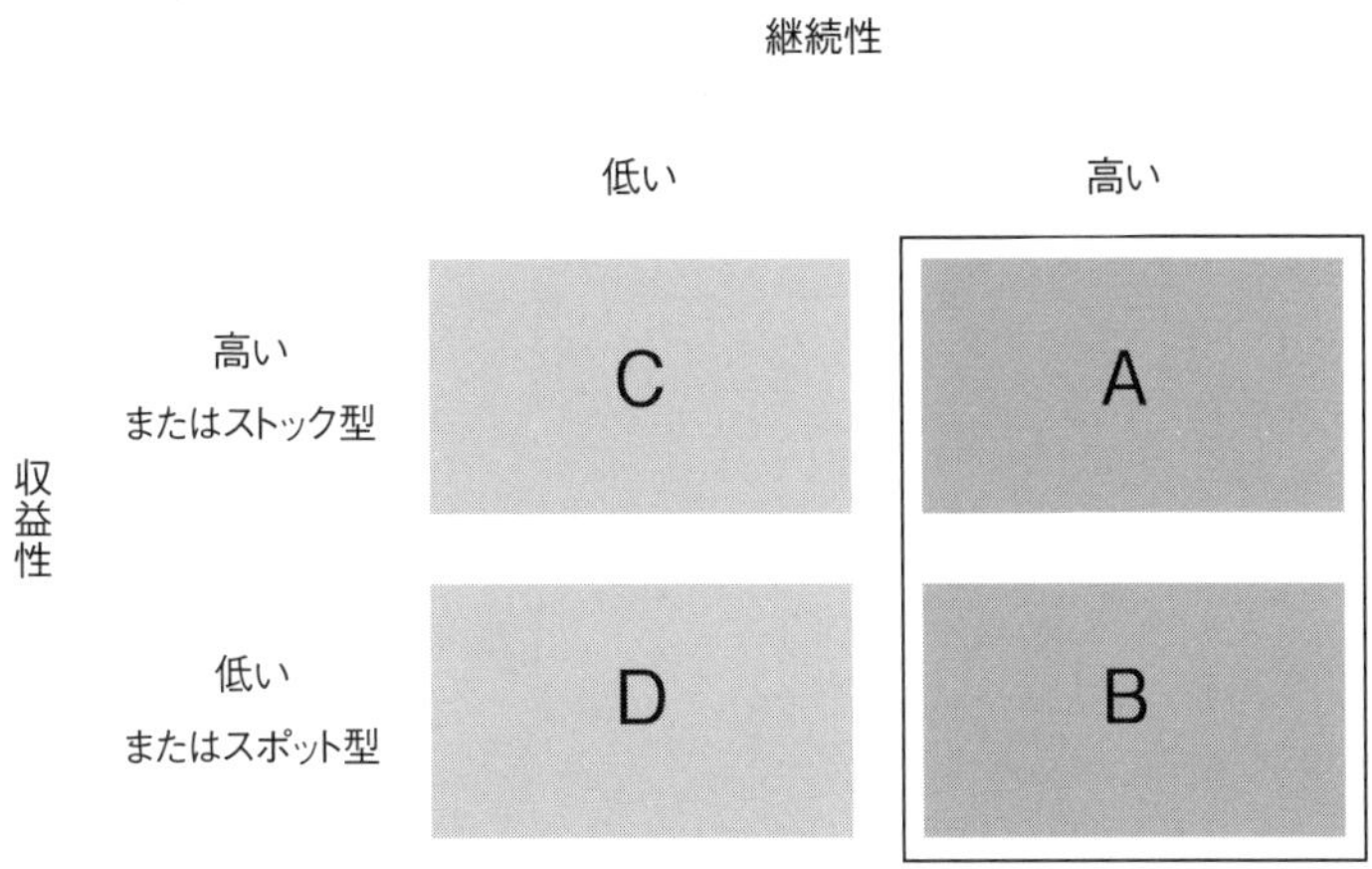

出典：タナベ経営

パターンA　高収益・高継続型用レシピ【図表1－7】

自社が高収益かつストックビジネス（継続収入が入る、または見込める状態）であり、その継続性がある程度担保されているのであれば、迷わず、④→①→②→③の順で改革を実施します。収益を社員に対して投資することにより、社員満足が向上し、満足度の高い社員が良い商品・サービスを創出し、それが高い顧客満足を生み、さらなる高収益につながる基盤となるわけです。また、採用・教育、社員分配、福利厚生などに配分することも非常に有益といえます。まさに理想の形です。

パターンB　低収益・高継続型用レシピ【図表1－8】

当然ですが、社員に幸せになってほしくないと願っている社長はいません。しかし、社員に

図表1-7　パターンA：高収益・高継続型用

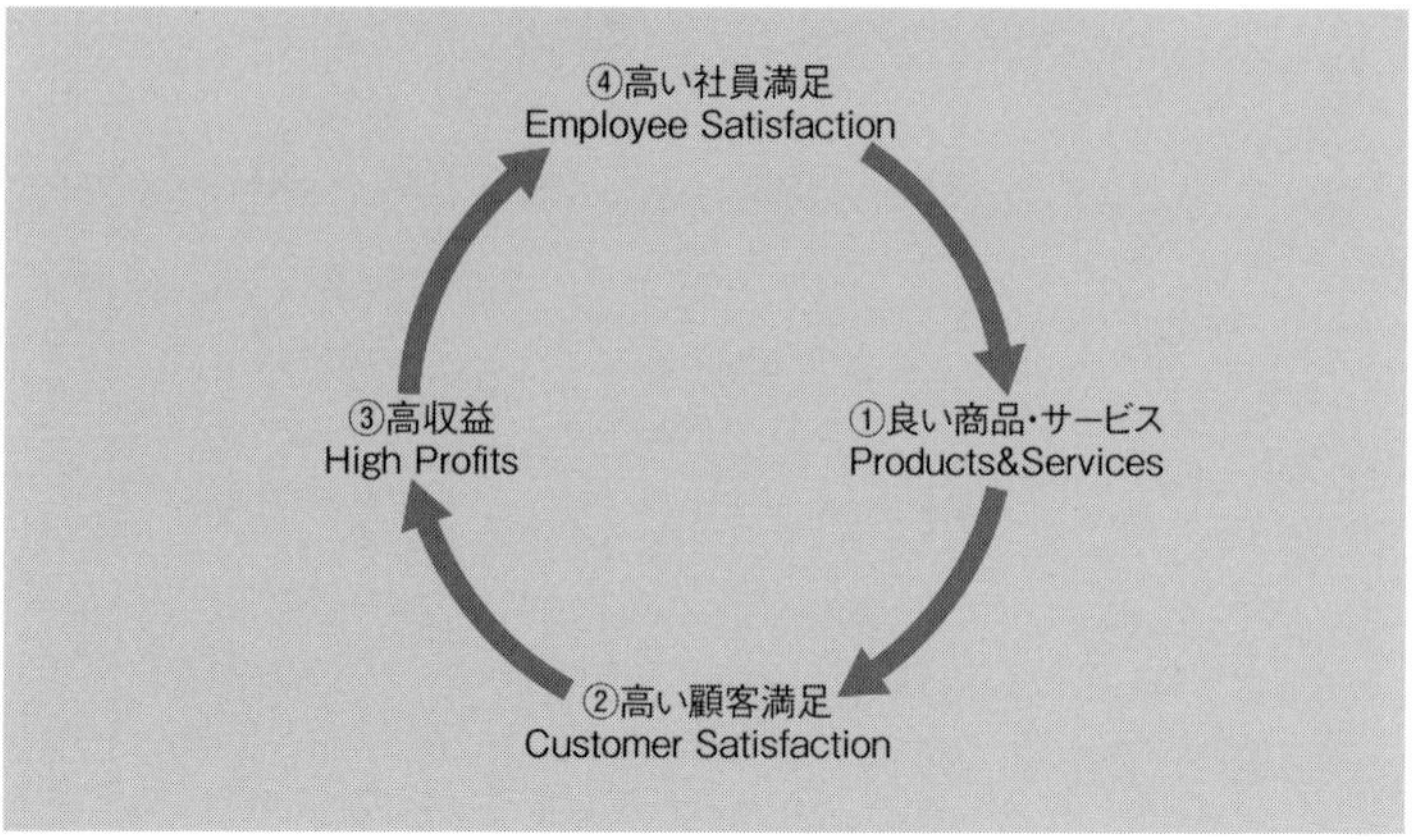

出典：タナベ経営

図表1-8　パターンB：低収益継続用

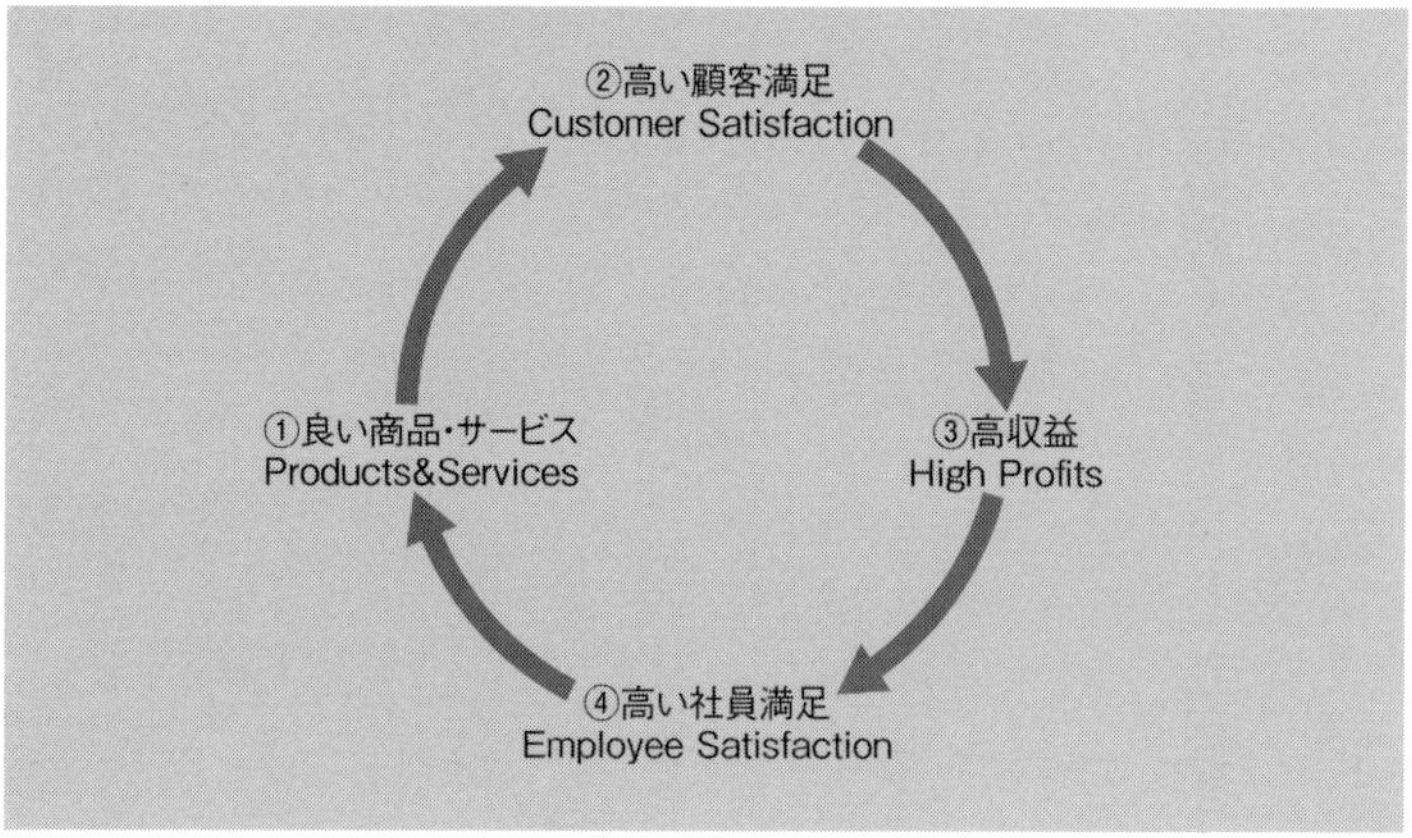

出典：タナベ経営

分配しようにも、社員満足のために投資をしようにも、まず原資がなければ始まりません。利益は目的になり得ませんが、キャッシュがなくなると会社自体もなくなってしまいます。そこで、まずは全体の経営戦略の策定や、事業戦略の見直し、日々の業績管理などから始めます。

つまり、②→③→④→①となるのです。

なぜなら、社員満足の向上は、高収益が大前提になるからです。高い社員満足がただちに高収益を生むことはありません。まず、その収益を生み出す顧客満足の向上に集中するしかないのです。事業再生に成功した多くの企業が、既存事業を見直し、自社の強みに特化して収益を確保していることからも、顧客満足の向上に集中する蓋然性が認められます。エリアや顧客を絞ってスピードやサービスを向上したり、成長分野にリソースを投入したりすることが、典型的な例といえます。

【図表1－6】のうちD象限（収益性・継続性ともに低い）は、いずれC象限（収益性は高いが継続性は低い）を目指す可能性が高いため、Cの位置でどうするかという点が課題になります。もし、高収益とともに継続可能性が高まっていれば、迷わずパターンAを選択し、それが自社に合わなければ、要素をミックスしたハイブリッド型を選択するのがよいでしょう。

ところで以前、タナベ経営のセミナーにおいて、ソフトウエア開発大手「サイボウズ」の代表取締役社長・青野慶久氏をゲストにお招きしました。同社は退職率が二八％（二〇〇五年）にまで跳ね上がり、多くの葛藤のなかで「今会社にいてくれる人」こそ財産であると悟り、人を大切にする経営を徹底して行っています。結果、入社希望者が殺到し、退職率は四％以下（二〇一五年）まで低減。業績も好調に推移しています。その秘訣は、どこまでいっても人を大切にすることであり、多様な社員が、多様に活躍することへ集中し、それを阻害するものは徹底して排除していくことにあったそうです。青野氏は「資金のない状態で会社を始めるとしたら、何から始めますか？」という質問に、迷わず「人を大切にすることから始めます」と答えたことが印象的でした。現在は、まさに、人を大切にしなければ「始まらない」時代です。なぜなら、優秀な人材は、人を大切にする会社に集まるからです。

ハピネスカンパニー

本当に、幸せにあふれる会社はあるのかと思われるかもしれませんが、存在するのです。その代表格はやはり、「伊那食品工業」だと思います。

同社は一九五八年、長野県の伊那谷で創業し（当時の社名は「伊那寒天工業」）、内陸の寒暖が激しい気候を利用して寒天づくりを続けていました。しかし、創業から半年で赤字が膨らみ、経営危機に陥ってしまったそうです。二一歳だった塚越寛会長（当時社長）は、営業に走り回ることはもちろん、未熟だった製造技術の確立に没頭するなど、会社の立て直しを図り、休日もろくに休まず働き通し、その結果、早くも一年後には黒字化を果たします。

その後、必死で二〇年働いたころ、やっと考える余裕が出てきたため、塚越会長はかねてから疑問に思っていたこととあらためて向き合ったそうです。その疑問とは、「会社は何のためにあるのか」。二〇年間必死に働いてもわからなかったそうですが、さらに五年ほどたったころ、一つの結論にたどり着きました。それは本書のテーマでもある、「会社は、社員を幸せにするためにある。そのことを通じて、いい会社をつくり、地域や社会に貢献する」ということでした。つまり、関わる人を幸せにすることが、会社や経営の目的だということなのです。

営利企業である以上、経営を成り立たせるために売上げや利益は当然必要です。しかし、それ自体が目的になってしまうと、社員の幸せが妨げられるということに気づき、目先の利益を追わず、毎年、たとえわずかであっても着実な成長を求めることにしたそうです。会社の永続もまた、社員の幸せのためのものであるとし、以後、独特の経営が続けられることになります。今と時代背景が違うことを考えれば、驚くほどの先見性だったと思います。

それは経営理念（企業目的）のなかでも、次のようにうたわれています（伊那食品工業ホームページより抜粋）。

企業は本来、会社を構成する人々の幸せの増大のためにあるべきです。私たちは、社員が精神的にも物質的にも、より一層の幸せを感じるような会社をつくると同時に、永続することにより環境整備・雇用・納税・メセナなど、様々な分野でも社会に貢献したいと思います。

したがって、売り上げや利益の大きさよりも、会社が常に輝きながら永続することにつとめます。

一時的に増産したこともあったそうですが、結果として社員が疲弊したり、取引先に欠品で迷惑をかけたりと、誰も幸せにならなかったと塚越会長はいいます。そこで、たくさん売ることよりも、品質の確かな商品をきちんと売ることを重視し、寒天ブームが起きて急成長を見込めたときも、過剰な設備投資などはせず、大手GMS（総合スーパー）から商品供給要請があったときも「方針と違う」と断り、ポリシーに沿った経営を続けてきました。結果、寒天ブームが去った際、業界全体は打撃を受けたものの、同社への影響は軽微だったそうです。

もちろん、同社は創業以来一度も人員を削減したことはありません。人件費はコストではなく、社員の幸せを実現する目的そのものと考えているためです。社員たちにとって快適な会社にするために、社屋や敷地内の公園の整備にもお金をかけ、子どもたちの通学のための歩道橋をつくったり、地元の行事に協賛したりと、地域貢献にも力を入れています。また、「人の犠牲の上に立った利益は利益ではない」とし、取引先に無理な値下げなどの要求はせず、価格よりも信頼関係を大切にしています。安さを求めて海外に進出することもなく、逆に海外では寒天製造の技術指導を熱心に行い、その結果、たくさんの協力工場を得て、貴重な原料の安定調達ができることも同社の競争力になっています。聞けば聞くほど、地域社会まで含めた各関係者が幸せになっていることがわかります。

そんな塚越会長が口にする象徴的な言葉が「利益はウンチ」です。利益を軽視した言葉ではなく、会社を人の体に例えての表現です。人はウンチをすることが目的なのではなく、健康な体で過ごすことが目的であり、その結果、健康なウンチが出る。会社経営も同じだといいます。社員の幸せを求め、地域社会をはじめ関わる人たちの幸せを求めた結果、利益が残る。だから「利益はウンチ」なのだと。

本当にそんなことが可能なのかと、社員の方にも話を聞いたのですが、この方針や状況は嘘偽りなく徹底されていました。ある企業経営者はこの話を聞き、感動を通り越して「伊那食品工業に転職したい」と言ってしまったほどです（笑）。

最も驚いたのが、「ここで働かせていただいて本当に感謝しています」と社員の方が笑顔でいったことです。私たちはコンサルティングで年間何百社もの企業を訪問しますが、「働かせていただいている」と話す社員と出会ったことがありません。そのほかにも、「自分が住む集落で問題が発生したと報告したら、会社から早退するよう指示され、会社がその支援までしてくれた」という話も聞きました。まるで、幸せな大家族を見ているようでした。

しかも同社は、四八年間増収増益を達成するなど、驚くほど業績が良好なのです。「道徳なき経済は犯罪であり　経済なき道徳は寝言である」という二宮尊徳翁の言葉を重視していることからも、決して利益を度外視しているわけではないということがよくわかります。

私たちのクライアント企業にも、社員の方が笑顔で話をしてくれるケースがここ数年、非常に増えています。その要因は、数年前に比べて経営トップの視点が急激に変わったからではないかと思っています。

伊那食品工業がこのような経営を続けている間に、希望退職者や早期退職者を募集する上場企業は後を絶ちません。また、日本を代表する大企業も、何年にもわたって経営トップが関与する粉飾決算を続けたあげく、存亡の危機に瀕しています。両者の違いは、「どこを見て仕事をしているか」という視座に尽きるという気がしてなりません。

人を大切にすると利益もついてくる

法政大学大学院の坂本光司教授が、全国約三〇〇〇社の中小企業を対象に「社員のモチベーションの実態と課題」に関するアンケート調査を実施したところ、社内のモチベーションレベルと売上高動向の関係を明確に示す結果が出ました。

調査対象の企業各社に、社内のモチベーションレベルを「かなり高い」「やや高い」「普通」「やや低い」「かなり低い」「分からない」の六つのなかから答えてもらい、その企業の売上高動向が「増加傾向」「横ばい傾向」「低下傾向」のどこに属するのか、その分布をグラフで示したのが【図表1－9】です。

グラフの左側へいくほど業績は増加傾向にあり、右へいくほど低下傾向にあります。それぞれの集団の社員のモチベーションを見ると、左側はモチベーションの高い社員が多く、右側には低い社員が多くなっています。モチベーションと業績には明確な相関があることがわかります。

さらに、過去五年間の売上高経常利益率別の正規社員のモチベーションレベルを見ても、同

図表1-9　売上高別の正規社員のモチベーションレベル（ポイント）

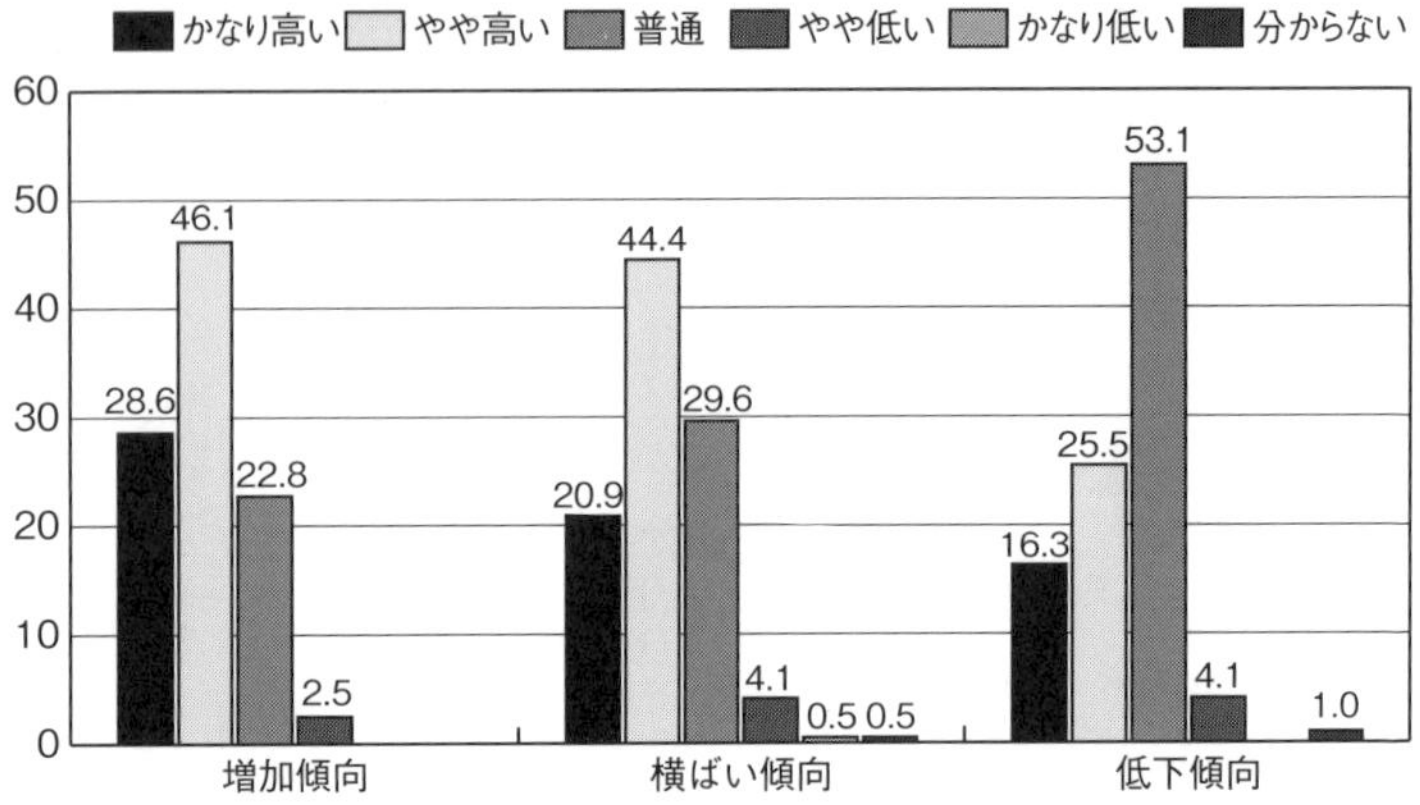

出典：坂本光司著『なぜこの会社はモチベーションが高いのか』（2009年9月、商業界）

図表1-10　過去5年間の売上高経常利益率別の正規社員のモチベーションレベル

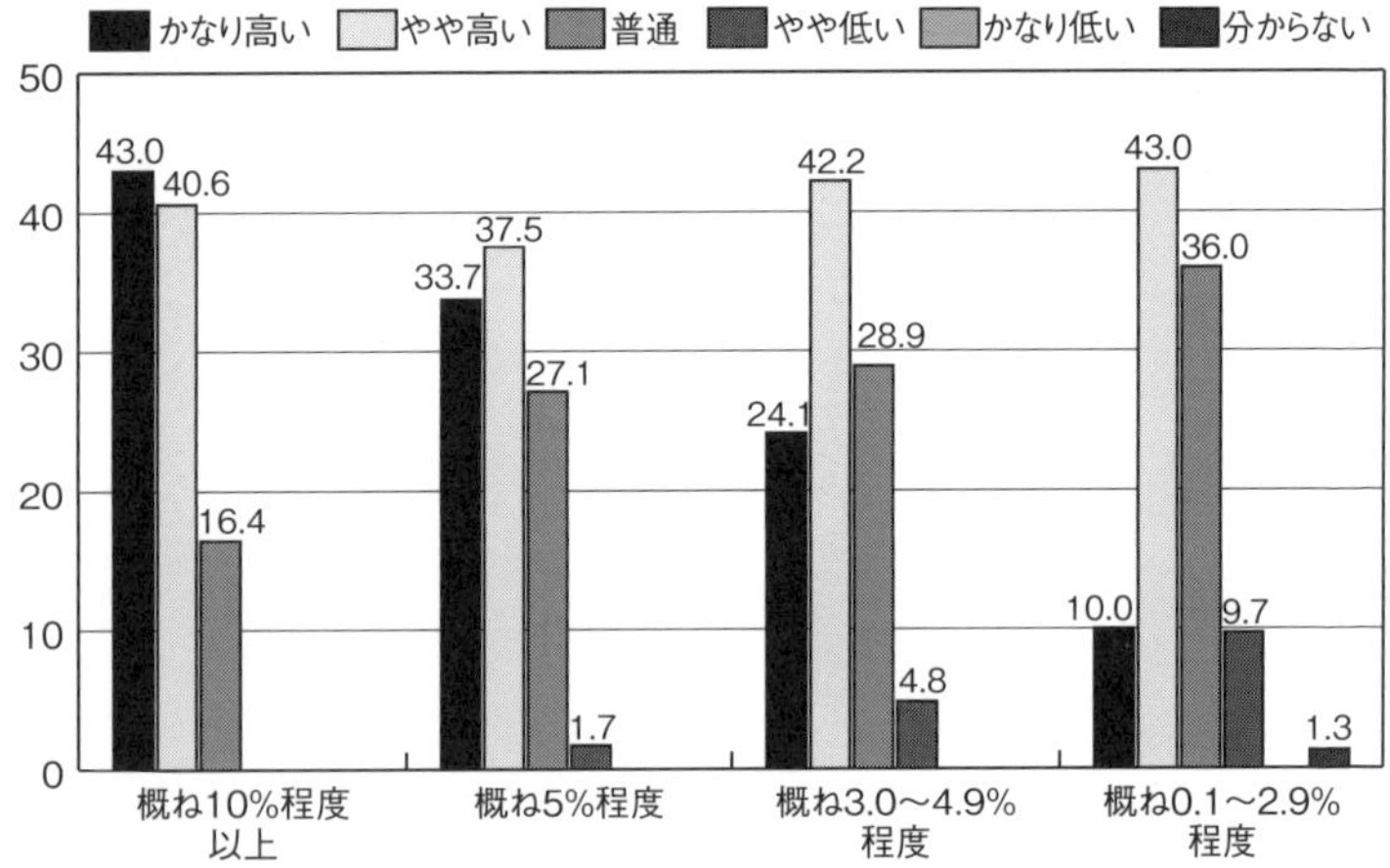

出典：坂本光司著『なぜこの会社はモチベーションが高いのか』（2009年9月、商業界）

様の傾向が見てとれます（【図表1－10】）。

押さえておくべき時代背景・環境変化

現在の経営・人事を取り巻く環境を、四つの視点から押さえておきたいと思います。

①溶けていく境界（どこからが仕事？）

まずは、「仕事」と「生活」の境目がなくなってきているということです。「仕事と生活の調和（ワーク・ライフ・バランス）」が叫ばれて何年たったでしょうか。「ワーク・ライフ・バランス）憲章」を内閣府が発表したのが二〇〇七年ですので、もう一〇年以上たっています。当時はワーク（仕事）とライフ（生活）の両立が目的のようになっていました。しかし今では、「どのように生きるか、幸せになるか」という大きな枠組みのなかに、個々人の仕事があるというイメージに変わってきているのではないでしょうか。

もちろん、人生で最も多くの時間を費やすのが「仕事」ですから、人生の目的と仕事が重なっていれば最高です。そして現代では、そうあるべきという潮流にあります。もし自社のミッションやビジョンと、入社してくる社員のやりたいことが合致していて、なおかつ本人にポテンシャルがあるならば、驚くほどのパフォーマンスを発揮してくれることは疑いの余地がありません。

②多様性（ダイバーシティー）

昨今、優良企業各社が多様性を求めているのは、単にブームだからではありません。人手が足りないから女性や外国人で穴を埋めようという、浅はかな考えからでもありません（そもそも失礼です）。その本質的理由は、「変化が激しい時代には、柔軟に対応できる体制が必要」だからです。

現在は、「ＶＵＣＡ（ブーカ）の時代」といわれています。ＶＵＣＡとは、次の言葉の頭文字をとった造語で、簡単にいえば「明日何が起こるかわからない」ということです。

Volatility ―― **変動性**
Uncertainty ―― **不確実性**
Complexity ―― **複雑性**
Ambiguity ―― **あいまい性**

どのような環境変化があっても、いかなる競合相手が現れても、どれだけ判断材料がそろわなくても、私たちは前に進まなければなりません。その際、多様な状況に対応するには、多様な社員（または関係者）がいることが唯一の対抗策なのです。同じ考えを持つ人が一〇人いるよりも、異なるアイデアやバックグラウンドを持つ人が一〇人いるほうが、対応できる範囲が広がるのは当然です。また、不測の事態になっても、社員が疲弊していると対処することはできません。ましてや会社に嫌気がさしているような社員が、次々と起こる問題へ果敢に立ち向かうことなど、できるわけがありません。

トップに情報を上げている間に社会が変わってしまう時代です。したがって、多様なバックグラウンドを持つ社員が、多様な思考と才能を発揮し、「VUCAワールド」に対応することが大切です。変化が激しい時代に対応するには、こちらも変化に柔軟に対応できる体制を常に確保しておく必要があるのです。

例えば、宿泊業を営む会社をコンサルティングしたときのことです。同社の宿泊客は、外国人や女性も多いのに、従業員は日本人男性ばかりという状況でした。これでは顧客ニーズに的確に応えられるわけがありません。すぐに多様性を重視した採用方針へと転換しました。また、顧客ポートフォリオ（顧客構成）の観点でいえば、特定顧客（出張ビジネスマン）の売上比率が高いと、失ったときのリスクも高くなりますが、顧客層が分散（外国人、女性）していれば、会社もそれだけリスクを分散できます。こうした多様性の確保は、事業を存続させるうえで必須項目となっています。

ちなみに、このVUCAワールドへの対応の考え方として、米陸軍退役大将のスタンリー・マクリスタル氏の著書『チーム・オブ・チームズ』（日経BP社）をご紹介します。同氏はイラクとアフガニスタンで司令官を務めた人物であり、現地で作戦部隊を率いた経験に基づいて、同書でさまざまな問題解決の効果的アプローチを述べています。生死を分かつ戦場をくぐり抜けた方だけに、不測の事態へどのように対処すべきかが凝縮されています。経営の現場でも、大きなヒントになると思います。

○予測は錯覚である

有用な予測を立てることは非常に難しくなり、多くの場合不可能だ。何が誰にとってどんな意味を持つかを正確に把握し予見できるというのは錯覚であり、その前提のもとで組織が機能し続けるのは傲慢にほかならない。

○復元力を鍛える

予測は脅威と対決する唯一の方法ではない。レジリエンス（復元力）を鍛えること、つまり未知のものと対決するために再構成する方法を学ぶことは、複雑な環境に対応する、はるかに効果的なやり方だ。

○チームで解決する

信頼関係と共通の目的意識で結びついたチームは、上の人間一人では決して予測できなかった問題を解決する能力を備えている。チームの解決策はトップダウンの命令よりむしろ、メンバー相互の関わり合いによるボトムアップの結果生まれることが多い。

○権限委譲による実行

厳正なヒエラルキーと士官の絶対的権力は実行力を衰えさせ、戦闘に赴いた兵士たちが素早く順応する力を抑制してしまう。（中略）わざわざ時間を割いて遠方の士官からの細かな指導を仰がなければならないとしたら、伝統的な秩序と規律の代償はあまりにも高いものとなるだろう。

○意識を共有する

組織はそのなかにいる者に権限を与えるべきだが、「意識の共有」がなければ、「実行権限の付与」によって成果を上げることはできない。意識の共有と実行権限の付与が組み合わさると、複雑な問題に対応できるだけの適応力を持った組織が生まれる。

（出典：スタンリー・マクリスタル著／タントゥム・コリンズ、デビッド・シルバーマン、クリス・ファッセル共著『チーム・オブ・チームズ　～複雑化する世界で戦うための新原則』日経ＢＰ社）

③人材・能力の流動化（ワークフォースモビリティー）

現在では、テクノロジーの進化も手伝い、転職、人材派遣やアウトソーシングなどの「雇用の流動化」ではなく、「能力そのもの」が流動化しているといえます。具体的には、クラウドソーシング（不特定多数の人に業務を委託すること）や提携などにより、必要に応じてワークフォース（人材・才能）を確保できる時代になっています。また三時間だけ働く社員など、働き方も流動化しています。つまり、自社の目標達成に向け、人事機能として弾力的かつ即応していくことが求められています。これは現在、人事部門やＣＨＲＯ（Chief Human Resources Officer：最高人事責任者）に対する経営者からの要請事項の一つにもなっています。

④テクノロジーの活用

テレワーク、ウェブ会議、各種アプリケーションやシステムなどが飛躍的に会社の業務を革新しており、もはや取り入れることが当たり前になっています。またHR Tech（エイチアールテック）と呼ばれる分野の発展も押さえておきたいポイントです。HR Techとは、人事・人材（Human Resource）とテクノロジー（Technology）を掛け合わせた造語で、ＡＩ（人工知能）やビッグデータ解析など最先端のテクノロジーを駆使し、適性検査・採用・育成・定着・評価などの人事関連業務を行う手法全体を表しています。

それによって人に時間の余裕が生まれ、より生産的な仕事に時間を割り振れるわけです。そのほか、現在どのような人がどこにいるのか、これから戦略的にどのような人材や能力が必要で、どのようにそれを獲得していくのかという「タレントマネジメント」なども、この領域との親和性が高いといえます。

ハピネスカンパニーに必要なマインドセット

ハピネスカンパニーにとって、最も重要な「マインドセット（ものの見方・考え方）」についてお伝えしたいと思います。これを欠くと会社の方針がブレてしまいますし、うまくいかない場合はすぐにあきらめてしまいます。ハピネスカンパニーをつくるうえでの要諦は、マインド

図表1-11　ゴールデンサークルの内側から伝える

セットや強い意志だからです。

①絶対に曲げない信念（WHY）を発信する

企業は基本的に、トップ以外は改革に後ろ向きです。改革は痛みを伴うからです。しかし、だからこそやらなければならないという信念を、全社に発信し続けることが重要です。

その発信方法として、「ゴールデンサークル」と「コミュニティ・オーガナイジング」が大変参考になります。

まず、ゴールデンサークルとは、マーケティングコンサルタントのサイモン・シネック氏が提唱しているもので、人を動かす優れたリーダーや組織の共通項を体系化したものです（**【図表1-11】**）。その共通項とは、「WHY／なぜ」⇒「HOW／どのように」⇒「WHAT／何を」の順で思いを伝えると、共感を生むことができるというものです（サイモン・シネック著／栗木さつき訳『WHYから始めよ！――インスパイア型リーダーはここが違う』日本経済新聞出版社）。これは、一般的な思考パターンとは逆です。

人は、「何をしているのか」という問いには簡単に答えられますが、「なぜそれをしているのか」までは答えられません。例えば、薬の研究開発に携わる社員は、「〇〇の研究所で、△△の装置を使って、□□の薬を開発しています」とまではいえるのですが、「××の病気で悩む人を一人でも多く、早く救うために開発しています」と答える人は多くありません。だから、それを提示すると人は引きつけられるのです。興味深いのは、シネック氏は「お金のため・利益のため」というのはWHYに値しない、と述べていることです。確かに、利益は「幸せになる」（目的）ための手段です。つまり、そこ（利益）に意味はあるのかということが今、多くの企業に問われているのです。

次に、コミュニティ・オーガナイジング（以降CO）とは、もともと市民の力で社会を変えるための手法として開発されたものです。ハーバード大学のマーシャル・ガンツ教授が提唱し、第四四代米国大統領のバラク・オバマ氏が大統領選挙で活用したことで、一躍有名になりました。

この手法を日本で広めるために設立された、特定非営利活動法人コミュニティ・オーガナイ

図表1-12　パブリック・ナラティブ

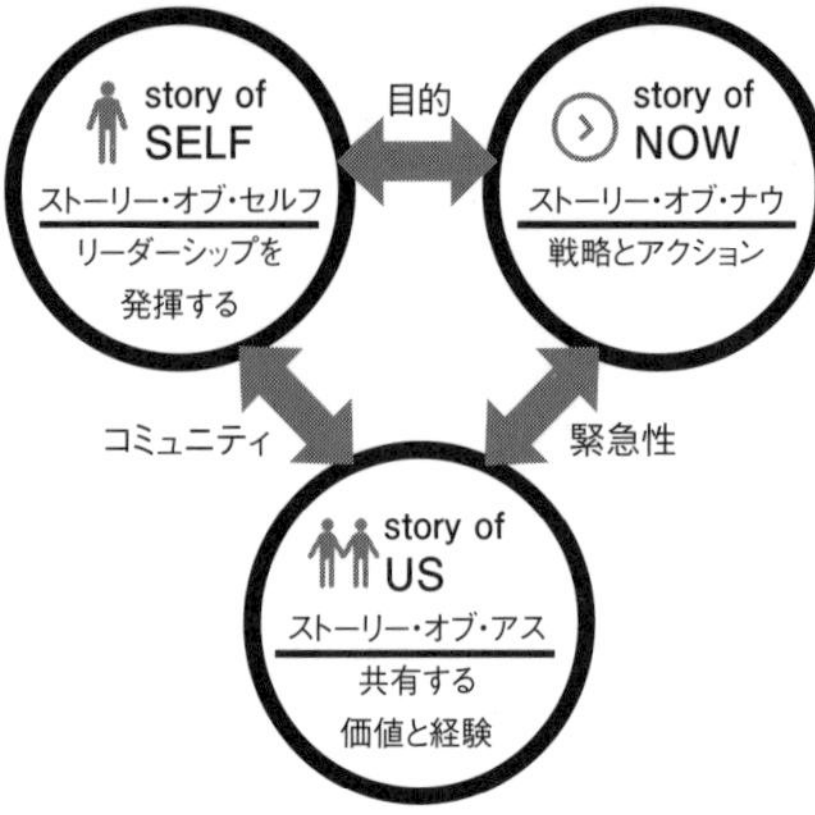

出典：特定非営利活動法人コミュニティ・オーガナイジング・ジャパンホームページ

ジング・ジャパンのホームページを参照しながら、その内容について簡単に触れてみましょう。

COは、ストーリーテリング、関係構築、チーム構築、戦略立案、そしてアクションという五つのリーダーシップの要素から構成され、特に重要なのがストーリーテリング（パブリック・ナラティブ＝公で語るストーリー）です。具体的には、次の順でストーリーを語ることで、人を動かすというものです（**【図表1-12】**）。

Story of Self――なぜ自分が行動を起こしたか、自身のストーリーを語って聞き手の共感を呼ぶこと

Story of Us――聞き手と自分自身が共有する価値観や経験といった〝私たち〟のストーリーを語り、コミュニティとしての一

体感をつくり出すこと
Story of Now——今行動を起こすことについてのストーリーを語ることで、共に行動する仲間を増やすこと

（出典：特定非営利活動法人コミュニティ・オーガナイジング・ジャパンホームページ）

ここでも、「なぜするのか」が最初にあることがポイントです。これはモノやサービスの消費で考えてみると、わかりやすいでしょう。人は消費するとき、「何を買うか」ではなく、「なぜ、それを買う必要があるのか」を重視しています。そのストーリーが魅力的であればあるほど、人は引きつけられます。

ＣＯは、経営戦略・方針や人事制度・施策を発表する際に強力な効果を発揮します。ぜひ取り入れてほしい手法です。

②大切なものは、大切にする

コンサルティング現場でよく打ち明けられるのが、「うちのトップは言っていることと、やっていることが違う」というものです。例えば、その典型例が顧客に対する姿勢です。マーケティングでは一般的に、顧客を「潜在客↓見込み客↓購入客↓リピーター↓ファン」と段階的に

図表1-13　重視する経営指標

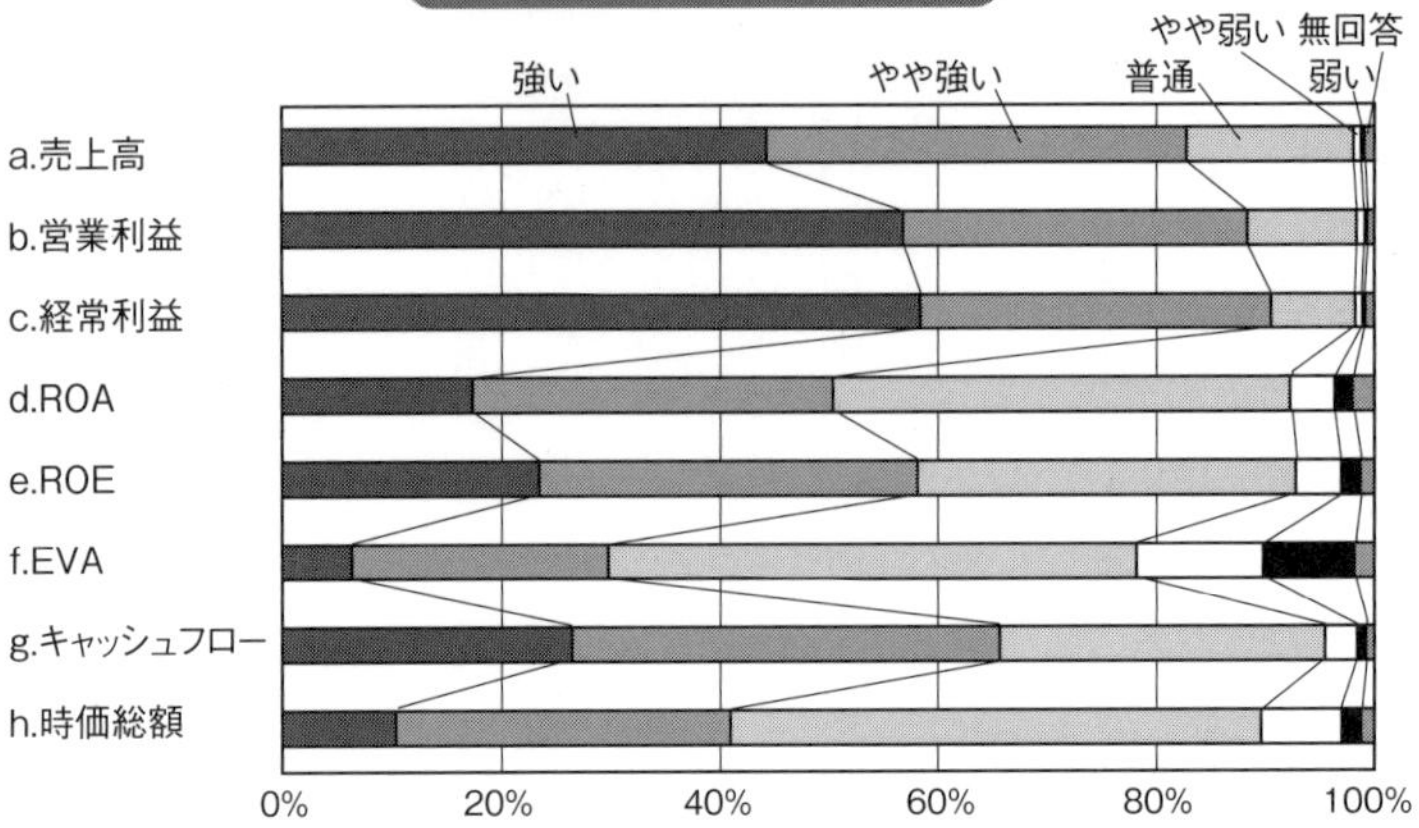

出典：内閣府「アンケート調査からみた日本的経営の特徴」(2006年7月)より作成

区分し、それぞれに応じて対応していくのですが、社員に「顧客を大切にしろ」といいながら、最も大切な顧客であるファンに投資せず、新規顧客（潜在客・見込み客）の獲得にやっきになっている経営者が少なくありません。新規顧客を集めるため値引きを行い、新規営業活動に時間を使い、クレーム対応でも新規顧客を優先し、新規受注数が多い社員ばかりを評価する。そのような会社にファンが根づくはずもなく、顧客がどんどん離れることになります。

経営リソースで最も大切なのは人である――これは誰に聞いても変わりません。しかし、「人が一番大切だ、人こそが財産だ」といいながら、経営数値は毎月見るのに、社員とは月に一度も話さないトップや幹部がどれだけ多いことでしょうか。経営者や幹部が見る経営指標のなかに、人事や人材に関する項目があれば救われるのですが、売上高や粗利益、営業・経常利益は気にしても、社員満足度や勤怠状況を気にするトップはまれです。内閣府が実施した企業アンケート調査結果（**【図表1−13】**）でも、企業が重視する経営指標のうち、人をメインとするものは何一つ含まれていません。人が一番大切なはずなのに、人事や人材への重要度が低い会社が多い。それが今の実情です。まさに、「言っていること」と「やっていること」が違うのです。

人に対して信念がないと、それが透けて見えてしまい、信頼を失うことになります。現在は、自社のウェブサイトやＳＮＳなどを通じ、トップの考えや会社の方針、クチコミなどが常に公開されています。いくら取り繕ったところで、社外からでもある程度、会社の文化や考え方がわかってしまいます。

「大切だ」というのであれば、一寸のブレもなく、それを真摯《しんし》に行動へ移す必要があります。つまり、顧客創造中心から「人材創造」中心へ、資本主義から「人本主義」へとシフトすることで、結果として顧客が創造されていくというサイクルが回り始めるのです。

③山頂ではなく、大海を目指す

本来、会社が目指すべきビジョンというものは、それ自体が大きな求心力・推進力を備えているものです。しかし、これまで「モーレツ型」でやってきたトップや幹部は、得てして汗をかくことを美徳とし、それをそのまま方針や戦略に落とし込みがちです。典型的なのが、社員に大量の顧客訪問を強要することなどです。

とはいえ、そんなモーレツ型の風土に対し、心の底から賛同する社員は多くありません。もちろん、会社が創業期にある場合、あるいは繁忙期で社員全員が徹夜で働かざるを得ない場合もあるでしょう。しかし、社会環境や時代背景が大きく変わった今日では、「山頂を目指して苦しんで登る」のではなく、「大海を目指して楽しく川を下る」というイメージを持つことが大切です。

つまり、川の流れを利用し、ときには川辺で休んだり、皆でキャンプを張ったりして、楽しみながら大海を目指すようなビジョン・戦略を立てるということです。そんな楽しい雰囲気が、ときに訪れる濁流を乗り越える一体感を醸成し、「あの船に乗りたい」という優秀なクルー（乗組員）を引き寄せるのです。

自社のビジョンは、皆の心に響き、誰もが「これならいける」と思えるものになっているでしょうか。

④スモールステップをつくる

成長企業の人事改革を見ていると、オフィス内にカフェやバー、また健康に配慮した食事を提供する社員用レストランなどを設けるケースが目立ちます。例えばグーグルのオフィスを見ると、「このようなことが、果たして普通の企業に可能なのか」と思えるほどの規模です。

しかし大切なのは、そうした華々しい福利厚生の投資規模に目を奪われないということです。カフェやバーを設置するのは、社員のコミュニケーション活性化や生産性向上のためなのです。目的と手段を混同すると、無駄な投資をすることになってしまいます。

重要なのは、「スモールステップ」をつくることです。スモールステップとは、大きな目的を実現するために設置する、いくつもの階段のことです。例えば、「高度なエクセルスキルを用いて資料を作る」ことは誰にでもできることではありません。しかし、「エクセルをダブルクリックして開く」ことなら誰でもできます。このように、一つずつ小さなステップをつくっていくことで、いつか必ずゴールにたどり着くというものです。

人事施策は、良くも悪くも効果が出るまで時間がかかります。幹部社員の退職などマイナスの効果が出たときは、その時点ですでに手遅れの場合がほとんどです。そのため、たとえゆっくりでも歩みを進めるしかないのです。

オフィス空間をプロデュースする会社のある幹部の方が、「皆さんは『こんなにすごいオフィスは無理だ』といわれますが、まずは、いつも閉まっているブラインドを開けてみることから始めましょう」と話していました。確かに、その通りだと思います。人事施策はティッピングポイント（沸点＝効果が表れるポイント）を迎えると、そのブラインド（目隠し）を少し上げると、〝ハチマキ〟になることを皆が気づきます。社内が活性化するのです。

企業規模が小さいうちは、どうしても「うちにはできない」と思いがちです。しかし、「難問は分割せよ」（デカルト）という名言があるように、一見ハードルが高そうな問題でも、小さく分割すれば意外と簡単に解決できるものなのです。たとえ、会社そのものは微力であったとしても（実際そんなことはありませんが）、個々の社員は無力ではないのです。

第2章

「誰もが幸せになる会社」への5つのステップ

（山村隆／大森光二／松本宗家）

第2章では、「誰もが幸せになる会社」への具体的な手順を、五つのステップに分けてお伝えします。

ステップ1は、人が集まる理由をつくることです。人が財産であり、競争優位の源泉であると考えるなら、まずそこに焦点が当たるからです。その要素を三つのワーク・バリューと呼んでおり、それぞれご説明します。

ステップ2は、人を大切にすることです。私たちは、人を活かし育てるためには、採用、育成、活躍、定着の四段階があると考えています。これらはどれも漏らさず、しかも順番通りに進めて初めて効果が上がりますので、これを詳しく説明します。

ステップ3は、社員満足度を高めることです。働きやすさと働きがいは、似た言葉ですが本質は異なります。働きやすい職場を整備しつつ、働きがいを実現していくための方法を探っていきます。

ステップ4では、社員満足を土台に顧客満足を実現していく方法に触れていきます。どうすればただの福利厚生強化ではなく、顧客に対する価値に転換でき、良い循環が生まれるのかをご説明します。

ステップ5では、ステップ4まで進めてきたことによって、新しい商品やサービス、新しいビジネスが生まれる可能性について展開していきます。多くの事業はストックビジネス、高付加価値ビジネス、超自動化ビジネスの三つの形態に向かう傾向があり、その事例と詳細に触れていきます。

このステップ1からステップ5までを順番通りに正しく進めることで、「誰もが幸せになれる会社」が実現します。では、順に見ていきましょう。

ステップ1 人が集まる理由——三つのワーク・バリューをつくる

ステップ1は、まず、人が集まる理由をつくることです。新卒採用で「学生が集まらない」と嘆く企業をよく見かけますが、学生が入社したいと思わない企業に、顧客は集まりません。だから顧客創造のためには、まず社員を創造しなければならないのです。人を集めるという点においても、従来のリクルーティングではもはや理想の人材は集まらないため、ブランディングやマーケティングの観点が必要になっています。

ところで、今働いている人たちはなぜ、現在所属する会社に入社したのでしょうか。もし給与水準だけを求めるなら、成果報酬型の会社に入るなど、より高い給与だけを目指して行動しているはずです。また、このご時世、働く理由は現金としての報酬だけではありません。

一方、大金をかけても採用に苦労している企業が多いなか、なぜ毎年、募集人数の何十倍もの応募者を集める企業があるのでしょうか。また、社員が疲れ果て、次々と辞めていく企業がある半面、何十年も離職者を出していない企業が存在するのはなぜでしょうか。

私たちは何百件ものコンサルティング事例から、そこには三つの要素が存在していると考え、これを三つの「ワーク・バリュー」と名づけました。その三つとは、理念、仕事、そして人です。

●人は理念に引かれて会社に集まる——ワーク・バリューその1「理念」

ワーク・バリューの一つ目が「理念」です。人は会社の経営理念に引かれて集まってくるからです。

まず何をおいてもお伝えしたいのは、理念の重要性です。どのような会社にも企業理念があります。それは理念という最重要概念を成し遂げるために、個人ではなく、法人として存在している根源的理由なのです。あらゆる業種・業態が成熟し、ある程度社会的にも豊かになった現在では、基本的に他社がやっていることを模倣したり、改善したりするだけでマーケットの一定割合を占めることができます。これは結局「何をやっても、うまくいくようにやれば、うまくいく」ということです。しかし、本当にやりたいことでなければ熱が入りませんし、何かあったときにくじけてしまいます。また、次々に現れる競合や変化を繰り返す市場に対応し続けることはできないでしょう。だから、まずは理念を明確にしなければ何も始まりません。

さらに、経営的視点で理念の重要性を細分化すると、次の五つの理由が挙げられます。

①目的の明確化

まずは目的の明確化です。旅行に行きたいと思わなければ実際の行動へ移せないように、目的がなければ何も始まりません。

②判断の軸・理由になる

社内において、理念は判断軸や判断理由になります。例えば、私（山村）は以前所属していた会社で、社長に「四億円の利益が見込めます」とプレゼンテーションをしたことがありました。すると社長から「うちの理念と照らし合わせたとき、この案件をやる意味は？　他社でよいのでは？」と問いかけられました。確かにほかの案件にリソースを割いたほうが、将来的に収益になるうえ、ノウハウも蓄積できます。私は深く反省するとともに、その社長を心から尊敬し、より業務に身が入ったことを今でも覚えています。

このように、すべての判断のよりどころになり、ブレがなくなることは一見、損をしたように見えますが、実は、社員が効率的に前へ進むためのエネルギーを生み出してくれるのです。

何かの仕事をするときに疑問を感じた際、その理由を尋ねて「儲かるから」とだけ返事をされても、モチベーションは上がりません。そこで、誰にでも理解・納得でき、誰も逆らえないロジックである「理念」こそがよりどころになるのです。

③信頼を得る

理念は、顧客からの信頼獲得という点でも重要です。経営理念を社外に発信することで、その事業を通じて自社はどのように社会に価値を生み出すのか、自社は世に存在する意味があるのかを顧客へ伝えることができ、信頼醸成につながります。例えば、「儲かると聞いて開店しました」という店よりも、「人々の健康を願って開店しました」という店のほうが信頼できるのは、火を見るよりも明らかです。

④差別化要因

変化のスピードが加速度的に速くなり、多くの業界が成熟し、目に見える差別化が困難な時代になってきました。例えば、ビールはさまざまなメーカーから多種多様な商品が出されていますが、それぞれの細やかな味の違いまでわかるかというと、わからない人のほうが多いと思います。

このような時代においては、「どのような思いでやっているか」というだけでも差別化になるのです。例えば「途上国から世界に通用するブランドをつくる」という理念でファンを獲得し続けている「マザーハウス」(東京都・台東区)という会社があります。この会社は、途上国の可能性や個性を見いだし、商品で顧客の心を動かし、笑顔とぬくもりが少しでも増えるようにという思いで経営をしています。もし、「途上国は製造コストが安いから、この事業を行っています」という競合会社があったとして、価格や品質が同じだったとしたら、あなたはどちらから商品を購入するでしょうか。

⑤マッチング強化

私は採用や人事のコンサルティングにも携わっているため、理念が人の採用にどれだけ影響するかを肌で感じています。これまでは金銭的価値や企業ブランドで人を採用できましたが、社会が成熟するにつれ、「何のために働くのか?」という答えを誰もが求めるようになっています。そんな時代のなかにおいて、明確に解を提供できることが人を引きつけますし、何よりその考えにフィットした人材を採用することができるようになります。

図表2-1 企業理念の例

Philosophy	理念
Mission What we exist for	存在意義 私たちは何のために存在しているのか?
Vision Where we want to go	目指す姿 私たちはどうなりたいのか?
Value What we believe in	行動規範 私たちが大切にする価値観は?

出典：タナベ経営

では、理念とは何かということですが、企業理念、経営理念、フィロソフィー、ミッション、ビジョン、社是、社訓など多くの言い方・定義が存在しています。例えば、企業理念は会社の最上位概念、経営理念は経営者の経営思想など、各社により定義が異なることも多いですが、「大切なのは考え方と自社の整理」だということだけ覚えておけばＯＫです。つまり、自社において最も大切なことは何かがわかればよいのです。

一番大切なことがわかればよいといっても、あまりに時代錯誤的だったり堅苦しかったりすると、人に伝わりにくくなってしまいます。そこでよく使われる「ＭＶＶ」という理念フレームをご紹介します。これは米国の経営学者フィリップ・コトラーが提唱しているもので、Mission, Vision, Valueの頭文字をとった言葉です。順に「会社は何のために存在しているのか」「それを実現した姿はどのようなものか」「そのために大切な行動規範や価値観は何か」を表したものです。例えば、とあるクライアントは、【図表2－1】のように定義・整理しています。

また、アルファベット（グーグルの持ち株会社）では、「DO THE RIGHT THING」＝「正しいことをしよう」というフレーズが用いられています。具体的には、法に従い、尊敬に値する行動をし、互いに尊重し合う、ということです。

そのほか、例えばあるクライアントでは、ＭＶＶを次のように定義することにしました。

Mission：すべての人を、笑顔に
Vision：地域で最も人を笑顔にする会社になる
Value：常にやらない理由ではなくできる理由を考え、期待を超える

これを設定した結果、社員が「これをすると、お客さまは笑顔になるだろうか？」と、ミッションを前提に考えるようになり、あらゆる行動が変わっていきました。顧客の集まるイベントを開催したり、自発的に企画を考えたりするようになり、会社自体のコンセプトや考え方も明確になりました。

MVVを明確にすることで、自社のやるべきこと、目指している姿、そのためにどのように行動すべきかも明確になります。もともとMVVはコトラーが『コトラーのマーケティング3・0』（恩藏直人監訳、朝日新聞出版）のなかで提示した考え方ですが、ピーター・ドラッカーも「ネクスト・ソサエティにおける企業とその他の組織の最大の課題は、社会的な正当性の確立である。すなわち、価値（バリュー）、使命（ミッション）、ビジョンの確立である。ほかのものは、すべてアウトソーシングの対象となりうる」（上田惇生訳、『ネクスト・ソサエティ』ダイヤモンド社）と述べており、非常に説得力のある理念の体系であるといえます。

最後に、私自身も非常に感動したクライアントの例をご紹介させていただきます。『AIRBUGGY《エアバギー》』という高級ベビーカーをつくっている「GMPインターナショナル」の事例です。ミッションをストーリーとともに、ブランドのコンセプトとして提示しています。

社員が集まる総会で発表されたこのストーリーの全文を、ここでご紹介します。同社は海外展開も行っているため、英語話者にも同社の考えが伝わるよう、英語版も合わせて発表しています。

「家族」、って聞いて、思い浮かぶのはこんな感じ。ママがいてパパがいて子どもは1人か2人、ペットの犬がいて、大きくて美しい家。窓からはキラキラした光が差し込む。みん

なくつろいだ格好をしてて、とても幸せそう。

When someone says the word family, an image is immediately conjured up in your mind. It's a mom, a dad, a kid or two, and maybe a dog in a big beautiful house. Light is shining through the windows, they are dressed in casual weekend wear and everyone is infinitely happy.

誰でも一度はこの絵に描いたような家族の「型」に、はまろうとするかもしれません。

Every family, at one point might try to fit inside this ideal box.

でも実際は、「家族」は型にはまりようもないくらい素敵で、ヘンテコで、特別なものです。

But really, families are too wonderful, bizarre, and special to fit in any box.

なぜならそれぞれの家族が、それぞれの愛情でとても複雑に結びついているから。

Because families are complicated groups, glued together with love, affection and plenty of hugs.

私たちは信じています。すべての家族が違っていて、すべての家族が理想的なのだと。

We believe that no matter how unique, every family is perfect. We really think so.

だから、どんな家族であっても、いっしょにいたいものが人間じゃなくても、

So, no matter what type of family you have,

すべての理想的な家族たちにフィットするように、AIRBUGGYはつくられています。

AirBuggy is built to fit your perfect family, so that you can be together and move together.

あなたが大好きなものと、いっしょに進んでいけるように。

Perfectly.

大好きなものを乗せていこう。

MOVE WITH YOURS

あなたの大好きなものを乗せていこう。外に出よう。最高の人生を進んでいこう。そのためにこのバギーは存在している、ということが心から伝わってきます（YOURSには「あなたにとって大好きなもの」という意味があります)。それは大切な子どもであり、愛犬であり、そして究極的には自身であると（この理念を表現するため、AIRBUGGYは子ども用→ペット用→買い物カートと、用途を変更できるようになっています)。

ミッションをつくったというよりも、もともと同社の飯田美恵子社長や社員の皆さんが持っていた概念を、明確な形にしたといったほうが正しいでしょう。「大好きなもの」を乗せるので、その走行性やデザインに驚くほどこだわって開発されたAIRBUGGY。「大好きなもの」のために、また自社の考えを伝えるために、量販店だけではなく全国の直営店でも販売しています。当然固定費は増えますが、そのこだわりを自分たちで伝える必要があったからです。直営店では使命感を持ったスタッフが販売を担当しています。

店舗には、かつてバギーを購入した顧客が、実際に赤ちゃんを乗せて立ち寄ることがあります。スタッフは駆け寄り、赤ちゃんの顔をのぞき込みながら、バギーの状態にも目を配ります。エアタイヤの空気が不足していれば、すぐにポンプを持ってきて空気を入れます。なぜなら、彼ら彼女らの仕事はAIRBUGGYの販売ではなく、「MOVE WITH YOURS」（この場合は、大好きな子どもとの快適で自由な外出）のためのお手伝いだからです。

商品コンセプトをはっきりした言葉として打ち出すことで、社員は自分の仕事の意味を考え始め、行動に移すことができる好例といえるでしょう。ここまでこだわった製品やバリューチエーンに貢献するスタッフの仕事が、ただの「空気圧の確認」であってはならないのです。たとえ技術的に類似商品をつくることができたとしても、コストをかけてでも良いものを取り入れたり、真摯に安全性を考えた結果、犠牲にしなければならなかったこと(例えば、AIR BUGGYは通常のベビーカーよりも重いのですが、安全性・走行性は譲れないため、あえて許容しています)も許容したりすることは、他社にはまねのできない、圧倒的なミッションからくるこだわりなのです。実際、GMPインターナショナルの商品は多くの類似商品を生みました。しかし、それはマーケットに認められたという証左であるとともに、根幹にある思いやこだわりは、絶対にまねのできない唯一の資産でもあるという確認でもあります。自社にここまで自信をもって打ち出せる信念があるでしょうか。ぜひ一度確認してみてください。

●あなたの会社にムーン・ショット(Moon Shot)を

最も有名なMVVをご紹介します。「ムーン・ショット」という言葉をご存じでしょうか。月を撃ち落とすほどの大がかりな仕事――という意味ではなく、壮大な挑戦を意味する言葉です。

一九六一年、米国の大統領に就任したジョン・F・ケネディは、六〇年代が終わるまでに人類を月に送り、無事に帰還させると発表しました。月を目指すためにロケットを打ち上げること――ムーン・ショットという言葉は、以来、「非常に困難だが、やりがいの大きな挑戦」をいい表すようになったのです。

ロケットの技術開発は民間にも転用され、人々の生活を豊かにするだろう――そんな期待もあったことはもちろんですが、何より人類が宇宙へ向かうという夢が多くの人を引きつけているのは、現在も同じだと思います。ケネディは一九六三年に命を落としましたが、約束通り、一九六九年に人類を月に送り込んでいます（ケネディはこの目標を勢いでぶち上げたわけではなく、発表前に相当な準備と事前リサーチをしていたそうです）。

そして現在、ムーン・ショットという言葉は、ビジネス用語になるほど一般化しました。「これはムーン・ショットではないね。もっと社員に伝わるようにしよう」などと、クライアントの社内でも聞かれるようになりました。

これまでよく例に挙げられてきたのが、アップルのマッキントッシュやiPhone、グーグルの自律走行車、スペースXの宇宙旅行、テスラの電気自動車、フェイスブックの気球プロジェクト、トヨタ自動車の空飛ぶ車プロジェクトなどですが、いずれも世界的な大企業だからやれることであって、中小企業には無関係かというと、そんなことはありません。第1章で紹介した伊那食品工業の経営理念は「企業は社員の幸せを通して社会貢献すること」であり、これはある意味において、価値観のムーン・ショットそのものです。

●仕事の意味と価値をあらためて見直す――ワーク・バリューその2「仕事」

ワーク・バリューの二つ目は「仕事」です。人は理念と同様、仕事そのものにも魅力を感じて会社に集まってきます。しかし現実はというと、多くの人が仕事の本当の価値に気づいていません。だから、仕事の価値をはっきりと表現する必要があるのです。

ムーン・ショットで紹介した米国の宇宙計画の話には続きがあります。アポロ計画が進むなか、ジョンソン大統領はＮＡＳＡを訪れ、熱心に働く清掃員に声をかけました。そのときの様子が、『英国海兵隊に学ぶ　最強組織のつくり方』（岩本仁著、かんき出版）に記されています。

その日、ワシントンＤＣにあるＮＡＳＡのオフィスでは、数日前から続いた嵐の後始末に追われていました。

ジョンソン大統領は廊下を歩いていて、モップを手に忙しく働く清掃員を見かけ、ふと声をかけました。

「君は、私が出会ったなかで最高の清掃員だ」

すると、清掃員はいいました。

「いいえ、大統領閣下、私はただの清掃員ではありません。私はこのオフィスを清掃することで、人類を月に送ることに貢献しているのです」

そのとき、ケネディが残した「人類を月に送る」という夢は、米国中に浸透していたのです。

例えば、部下に資料のコピーを依頼する場面を思い浮かべてください。ただ「午後までに、コピー取っておいて」というのと、「今日の午後、大事な取引先にプレゼンしなければならないので、資料を出力してまとめておいてほしい」と伝えるのでは、受け手のモチベーションがまったく違うはずです。例えば、このような考え方が浸透しているある大手建設会社に取引先が来社したときのことです。資料を準備した社員の方は、先方が左利きであることまで把握し、ステープルの位置を通常と逆にし、めくりやすいように用紙を少しずらして閉じていたのです。資料を見た取引先の人はいたく感動していました。

●OKRで目標に向かって一貫した組織に

これまで何度か触れてきたように、会社が掲げるMVV――つまり、存在意義、目指す姿、行動規範と、社内の体制や各制度、提供する商品やサービスのコンセプトは、一貫したものになりますし、そうでなければなりません。

経営理念から現場第一線での仕事に至るまで、一貫性を持ちつつ、具体的な仕事に落とし込

図表2-2　OKRとは

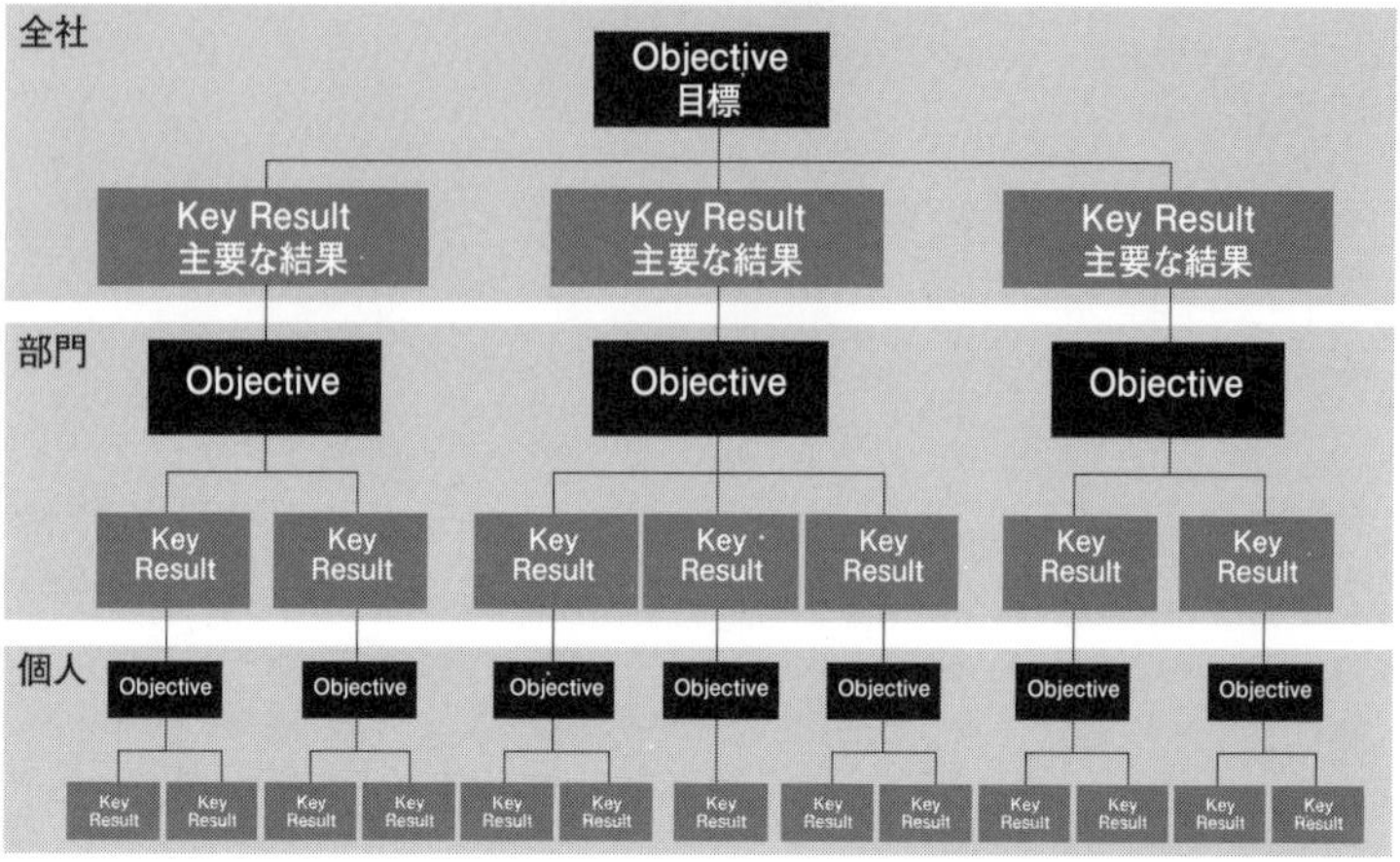

出典：タナベ経営

んでいく手法としてご紹介したいのがＯＫＲです（**【図表２−２】**）。ＯＫＲは「Objective and Key Result（目標と主要な結果）」の略で、目標（Objective）と、それを達成したことを表す主要な結果（Key Result）を設定し、全社から個人まで、目標と主要な結果をブレークダウンして設定していくというものです。一九七〇年代にインテルが導入し、グーグルやフェイスブックなども採用したことでその名が知られるようになりました。

ＯＫＲの導入は次のように進めていきます。まず、理念からブレークダウンして、企業全体でのＯＫＲを設定します。ある会社は「誰もが自分を活かし働ける社会をつくる」というミッションを掲げています。ビジョンは、「どのような境遇の人でも、働ける就業インフラとなる」

図表2-3　OKR設定の例

例:4等級　課長　総合職　採用担当者

■等級要件
・現場管理職として管理職・推進職間のコミュニケーションを円滑化できる
・年度計画を達成するための実行計画立案および実行管理ができる
・人材のマネジメントや個々人の教育訓練計画の策定ができる
・トラブルやクレーム対応ができる
・全社的視点で他部門のフォローができる

Objective
目標

■次世代の採用スタイルの確立と実践

Key Result
主要な結果

■採用人数
ビジネスサイド　○名
エンジニアサイド　○名

Key Result
主要な結果

■採用プロセス策定と、
取締役会での承認
・自社採用プロセスの設計
・各種採用KPIの設計
（内外の平均値等も収集・分析）

Key Result
主要な結果

■社員の50%を安定採用する
ネットワークの確立
・大学○校
・高校○校
・人事ランディングページ制作
会社選定
・採用ポータル会社選定
・採用代行会社選定
・ヘッドハンター選定

出典：タナベ経営

です。そして、具体的に何ができるかを考えるのが各部署、という位置づけです。日本は現在、高齢者の割合はどんどん増えているものの、人口そのものは減少しています。今後働き手が減って労働力は不足し、産業に大きな影響を及ぼすことが懸念されているのです。そこで、「高齢者の就業を促す」という具体化した問題として取り組むことが、会社としての目標の一つとなります。

そして、それが果たされた暁にはどうなるのかを考えます。「二〇二〇年までに働く高齢者を一〇％増やす」というように設定するのです。これが全社の主要な結果となります。

各部門ではさらにこれを具体化していきます。例えば、「二〇二〇年までに退職者のための再就職のインフラを全国で一〇〇カ所構築する」とか「二〇二〇年までに高齢者が健康を維持できるようなフィットネスジムを全国に一〇カ所つくる」ということが各部門での目標となり、これを繰り返すことで目標と主要な結果づくりは、最終的には社員一人ひとりの目標と主要な結果まで具体化されるというわけです。

一方、ほかの部署からも「在宅での労働をしやすくする」「何歳になってもスキルを身につけられる教育サービスをつくる」などの案が出てくるはずです。それもまた目標であり、それぞれの主要な結果がそこから設定されていきます。

このように、全社から個人まで一貫した動きをとることによって、全社の活力を最大化し、目標達成にまい進することができます。また、社員一人ひとりにまで目標と求める成果を設定することは、「あなたは必要な人であり、あなたの仕事は重要である」ということを認めることにもなります。必要とされ、喜ばれることをうれしいと思わない人はいないでしょう。【図表2-3】はOKR設定の一つの例です。

●あの人がいるから――ワーク・バリューその3「人」

ワーク・バリューの三つ目が「人」です。あの人がいるから会社に行く。あの人のようになりたい。あの人といっしょに仕事ができるから、自分も取り組む、続けられる。会社には必ずそういう人がいるはずです。加えて、会社のみんなといるのが楽しいことも、続ける理由になります。そのような人がいるから、人が集まり、働き続けることができます。

普段の仕事のなかで、このように感じる場面は数多くあるのではないでしょうか。私たちコンサルティングファームの仕事も、精神・体力を相当に使う仕事ですが、やはり信頼できる仲間がいてくれるからやっていけるのだと思います。もし、自社にこのような「人の魅力」がないとすれば、理念がブレている可能性があります。なぜなら、理念を発信するということは、同じ周波数の人（考え方の人）を引き寄せるということでもあるからです。同じ感覚の人が集まったのに、楽しくないということは考えにくいからです。

●経験科学だけではない、三つのワーク・バリュー

多くのクライアントとの事例から、「理念・仕事・人」という三つのワーク・バリューを体系化しましたが、それを裏づける理論も多々あります。

その一つ目が、エドワード・L・デシとリチャード・フラストが提唱した、自己決定理論(Self-Determination Theory)です。自己決定理論とは、人間の基本的欲求である自律性、有能感、関係性の三つを満たすことにより、内的動機づけ（モチベーション）が高まり、パフォーマンスが向上するというものです（かなり意訳していますが）。

1. 自律性　自らを選び、役割を果たしたいという欲求
2. 有能感　自らの考えで活動し、最適な挑戦をし、そのために努力をしたいという欲求
3. 関係性　尊敬し合える他者と関連し、結びつきを強めたいという欲求

これを意訳すると、自律性＝意味のあることをしたい。有能感＝良い仕事をしたい、頑張りたい。関係性＝信頼・尊敬できる人たちと一緒に働きたい、ということです。つまり、理念・仕事・人の三つの価値ではないでしょうか。

ここまで述べてきた通り、「人はパンのみにて生きるにあらず」ですので、これまでのモチベーションが収入やモノなどの外発的モチベーション（与えられるモチベーション）であったとすると、これからのモチベーションは内発的モチベーション（自発的にやりたいと思うこと）である必要があり、その内発的動機づけこそが、この理念・仕事・人なのです。「好きこそものの上手なれ」ではありませんが、やりたくてやっている人と、お金のために仕方なくやっている人とでは勝負になりません。人間が本来持つ「内発的動機づけ」に基づく力を引き出してこそ、最高の成果が得られる時代になっているともいえます。

特に、旧態依然とした会社は「動機づけしろ」「モチベーションを上げろ」などとダメな上司が命令していますが、「〇〇〇なので頑張れ」といわれ、「かしこまりました」と受け入れるほ

図表2-4　幸福における5つの要素

1　情熱を持てる仕事
2　良い人間関係
3　経済的な安定
4　心身の健康
5　地域社会への貢献

ど人は単純ではありませんし、それだけのことでモチベーションが上がるくらいなら、とっくに上がっているわけです（モチベーションが下がる原因をつくっているのはその上司なのですが、なかなか気づけません）。動機づけをするということ自体がもはやパラダイムの崩壊です。本来は、「私はどうすれば社員が自らを動機づけるような環境をつくることができるか？」と上司が自分に問うべきなのです。それができない人は、今後ビジネスのメインシーン――例えばＡＩについて考える場など、先端を行くビジネスパーソンが集まるステージから急速に弾かれていくと思います。

経済分野のノンフィクションライターとして知られるトム・ラスは、幸福は次の五つが重要で、それぞれに関わり合っているといっています（【図表2−4】）。理念は5、仕事は1、人は2、ですよね。社員が幸せ↓良い商品・サービス↓顧客が幸せ↓好業績↓高い分配額（給与）となるため、結果として3は手に入りますし、4は自ら管理すべきというだけでなく、今は社員の健康維持に会社や社会も力を入れていますので、これらを鑑みても、理念・人・仕事という軸は正しいと確信しています。

ステップ2 社員を大切にする――採用、育成、活躍、定着の順番が重要

●時代背景が生む、会社と個人の微妙な変化

「誰もが幸せになる会社」へのステップ2は、社員を大切にするということです。企業の競争力を高めていくうえで、人材こそが最大の差別化要素になるということは今も昔も変わらない事実です。そのため、以前から各社が力を入れていることはいうまでもありません。しかし、近年は人を大切にするための方法が微妙に変わってきています。現代の特徴をひと言でいえば、「企業は社会での役割が問われる時代」であり、社員もまた、「企業だけではなく、社会からも評価される存在」であるといえます。いい意味でも悪い意味でも、個人としての社会における

存在感が高まっているのです。

かつて、社員は企業のために多くの時間を使い、個人的な時間まで犠牲にするのもいとわずに働いた時代がありました。企業からの命令一つでどこへでも出向き、急な転勤やきつい仕事であっても、それが企業の一員の使命だと捉えて働き続けていました。その代わり、企業も終身雇用制度と年功序列制度によって社員をしっかりと守っていました。その制度のおかげで社員はライフプランを立てることができたのです。個人と企業は強固に結びついていたといえます。

しかし、転職が一般的となった近年では、一つの企業で一生を過ごすことが以前より少なくなってきました。そのため、企業と個人の結びつきが弱くなってきているといえます。

企業と個人の関係は、かつてのような結びつきは弱くなってきた一方で、企業は個人のプライベートに至るまで配慮が必要な時代になりました。働き方改革をはじめとする各種人事施策は各個人の抱える生活環境にまで大きな影響を与えます。団塊の世代は七〇歳を超え、いよいよ本格的な介護離職時代を迎えます。会社の主力として活躍している四〇歳代の社員は、団塊ジュニア世代が多く、また晩婚世代でもあることから、場合によって介護と育児が同時に訪れます。そのため、現在はエース級の働きをしている社員も時間的な制約を受けて働かざるを得なくなる可能性が出てくるのです。

これまでのような、男性は黙って仕事に専念をすればよいという時代は過ぎ去り、男女共に働き、男女共に介護・育児をする時代です。さらには未婚化や離婚率の増加などもあり、性別に関係なく家族を支える時代となっています。そのような背景を無視して、これまでと同じ方法で企業のマネジメントを押し切るわけにはいきません。各個人の家庭環境も配慮したマネジメントが求められ、結果的に企業は、これまで以上に、個人のプライベートに配慮する時代であるといえるのです。

また、別の視点として企業は社員のプライベートに至るまで目を光らせなければならない時代になってきています。SNSをはじめとする情報ツールの浸透によって、個人がフォーカスされやすい時代になっています。例えば、社員の誰かが不祥事を起こせば、会社名まで明らかになってしまいます。たとえマスメディアで報道されなくとも、噂を聞きつけただけで、当人のSNSなどでの発言が追いかけられ、勤めている会社はもちろん、家族や嗜好の類まで明かされてしまうのです。さらに、以前なら時間とともに忘れ去られるようなことであっても、今はネット上にいつまでも情報が残り、検索すれば探り出すことができてしまいます。犯罪は当然、認められるものではありませんが、本当かどうかわからないゴシップの類や噂にすら神経を尖らせなければならなくなりました。

また、就職活動中の学生は就職先を検討する際にさまざまな情報を収集しています。近年、増えてきているのは、現役社員や元社員が書き込んでいる匿名のクチコミサイトの閲覧です。もちろんその情報のすべてが事実とは限りませんが、学生はその真偽を確認する術《すべ》を持ちません。そのため、悪評が広がり、採用の人数や質に大きな影響を及ぼします。それらを防ぐためには社員による匿名サイトへの書き込みにも気を配らなければいけません。事実無根の情報であれば、早急に削除対応を進めることも必要になります。

さらに新入社員自身にも、環境の変遷による明らかな変化が出てきています。近年の新入社員は物心ついたころから周囲に携帯電話やスマホがあり、常に誰とでもつながることのできる世代です。そのため何か問題があれば、すぐにインターネットで同じ境遇の相手を探すことができてしまいます。例えば、入社早々に遅刻をしてしまい、叱られたとします。知らない人が同じ境遇で愚痴を吐いている書き込みを見て、自分が特別ではないと安心感を得ることができます。以前なら、隣の先輩に愚痴をこぼせば、具体的なアドバイスを受けたり、指導を受けることによって改善されてきました。しかし、現在ではそれが失われ、代わりにＳＮＳに投稿をすることで周囲から同情や励ましを受けます。場合によっては「いいね！」といわれます。それによって反省する機会を逸してしまうのです。結果的に、経営者視点や上司の視点よりも、同世代からの視点がマジョリティー（多数派）であると勘違いしかねないのです。

このように、時代の変化とともに企業と個人の距離は離れてきているにもかかわらず、各個人の家庭の状況やプライベートの時間で発信された個人の意見、書き込みなどが、広い範囲に伝わりやすくなっているのです。そのため、企業における人の育成は、単にヒューマンスキルの向上や業務遂行のスキル向上だけにとどまらず、企業との向き合い方や組織人としてのあり方、場合によってはプライベートに至るまで、各個人の姿勢を正さなくてはいけない時代であるといえます。これまでは企業と個人が近かったため日常を通じてできていたことが、できなくなってきているのです。

●採用、育成、活躍、定着の四段階

そのような課題を改善していくためには、「採用」「育成」「活躍」「定着」の視点が重要になります。採用に関しては、「自社に合う人材を採用する」ことが第一条件となります。その視点で採用した人材が正しく育つために投資をします。その成果を正しく評価し、機会を与えていくことによって、さらに活躍をするのです。最終的にそのような人材が定着することによって「風土」が醸成されます。そのような「風土」に引かれた人材が自社に応募することによって、「より自社に合う人材」が採用できるようになります。

【図表2－5】にあるように、①採用→②育成→③活躍→④定着→①採用……という、プラスのスパイラルをつくっていくことが重要となります。

図表2-5　採用→育成→活躍→定着のスパイラルをつくる

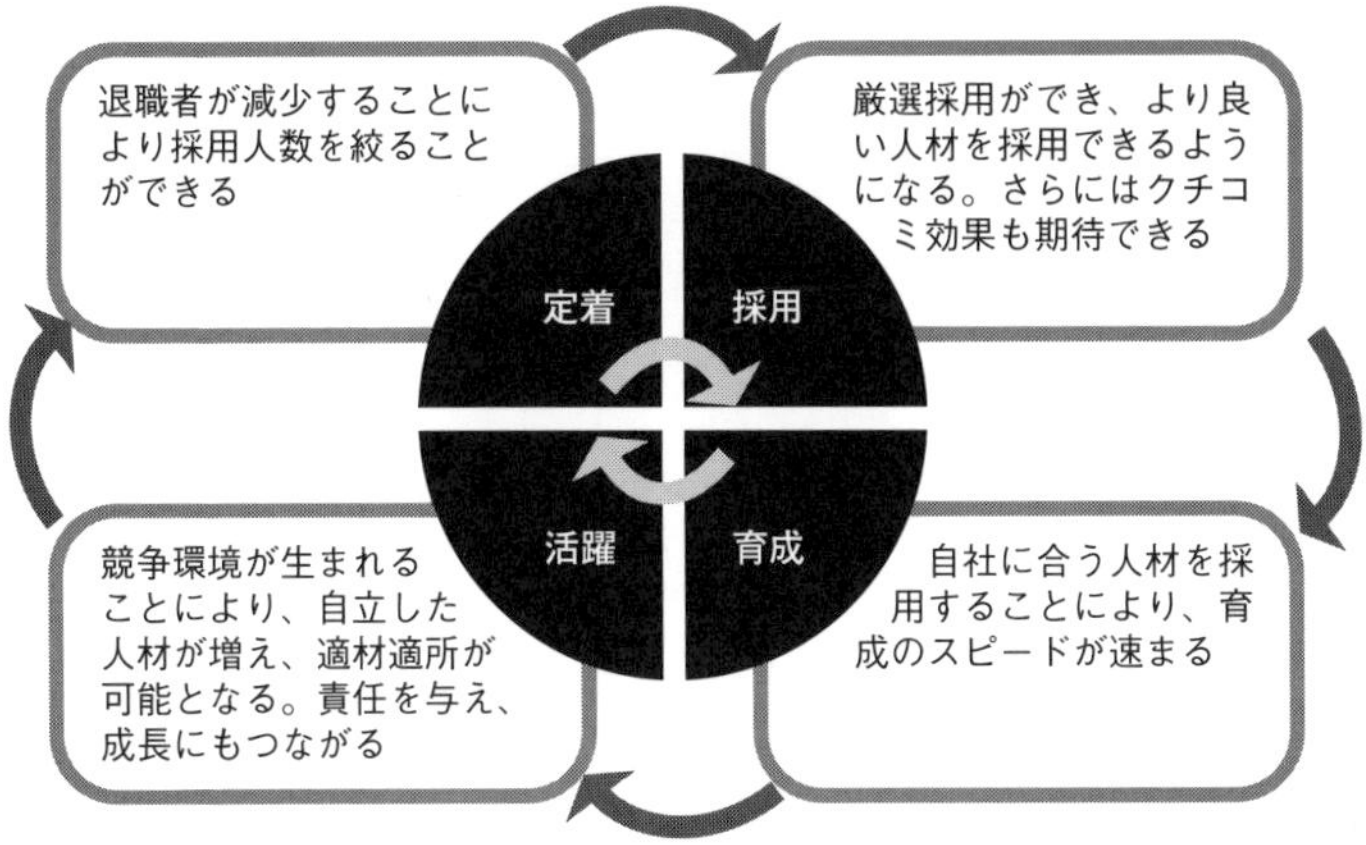
厳選採用ができ、より良い人材を採用できるようになる。さらにはクチコミ効果も期待できる
採用
育成
自社に合う人材を採用することにより、育成のスピードが速まる
活躍
競争環境が生まれることにより、自立した人材が増え、適材適所が可能となる。責任を与え、成長にもつながる
定着
退職者が減少することにより採用人数を絞ることができる

出典：タナベ経営

近年では、採用した人材の定着に苦心する企業を多く目にします。そのため、採用した人材を定着させるために社内懇親会の開催や、定着を目的とした同期社員による研修会などが行われています（育成は二の次という研修会です）。

結果的に、採用した人材の定着率は高まります。しかし、その人材が「活躍」をしているとは限りません。その順番を間違えてしまったことによって、「若いうちからぶら下がる」社員が生まれてしまうのです。決して定着のための施策をしてはいけないということではありません。育成のフェーズを飛ばして、定着のみに注力すると失敗するということです。

定着施策のみに注力をすると、優秀な社員ほど会社に失望をすることが増えてしまいます。優秀な人材が退職してしまう理由はいくつか挙げられますが、「働きがい」を失ったときに優秀な人材の退職リスクが高まります。優秀な社員が退職を考える理由で多いのは、次の三点です。

・自分が実現したいと考えている仕事に取り組めない（取り組む時間や機会がない）
・会社の方向性がわからない、もしくは会社の方向性と自分の考え方が異なる
・自分が認められているように感じない

例えば、パフォーマンスが上がらない社員のしわ寄せが優秀な社員に流れてしまうことによって、優秀な社員は自分が取り組みたい仕事に費やす時間が奪われてしまう。新しい取り組みや自分が取り組みたいことへの機会を与えられず、目先のフォローばかり期待される。パフォーマンスが上がらない社員に対しても会社は厳しい指導をせずに、自分と同じように丁寧に扱うため、会社が何を重視（評価）しているのかわからなくなる。「自分とパフォーマンスが上がっていない社員が同じレベルであるということなのか」「自分はこの会社にいなくてもよいのではないか」「私に期待されているのは、尻ぬぐいなのではないか」「なぜ自分が彼と同じ扱いなのか」など、優秀な社員ほどしらけてしまうことがあります。

つまり、厳しいことをいえば「定着すべき人材が定着しなければ組織が崩壊する」ということとです。そのため、離職ゼロの会社が本当に素晴らしいとはいい切れないのです。むしろ転職のしやすい時代において、パフォーマンスの上がりきらない社員が活躍の舞台を他社に求めることは互いにとってよい場合もあるのです。

多様性が重視される社会において、自社の価値観をあらためて整理し、「わが社に求められる人材」が共通認識となることによって、社員のパフォーマンスを高めていくことが重要なのです。実際に、人事の各施策が優秀社員にフォーカスしてつくられた事例をご紹介したいと思います。

〈事例：明豊ファシリティワークス〉

「明豊ファシリティワークス」は、コンストラクションマネジメント専業で唯一の上場企業であり、透明性・公平性の徹底が、顧客・社員を引きつけ「競争優位」と「優秀社員獲得」を実現する仕組みを成功した企業です。コンストラクションマネジメントとは、建設工事におけるプロセスを可視化し、中立的な立場でプロジェクトマネジメントを行うことを指します。主にはスケジュール・品質・コストの管理に関して、施主とゼネコンの間に入り、施主の代理人としてプロジェクトマネジメントを行います。第三者的なコンストラクションマネジメント企業が入ることにより透明性が高まり、品質やコスト面以外にも、コンプライアンスや情報開示と

図表2-6　明豊ファシリティワークスの仕組み

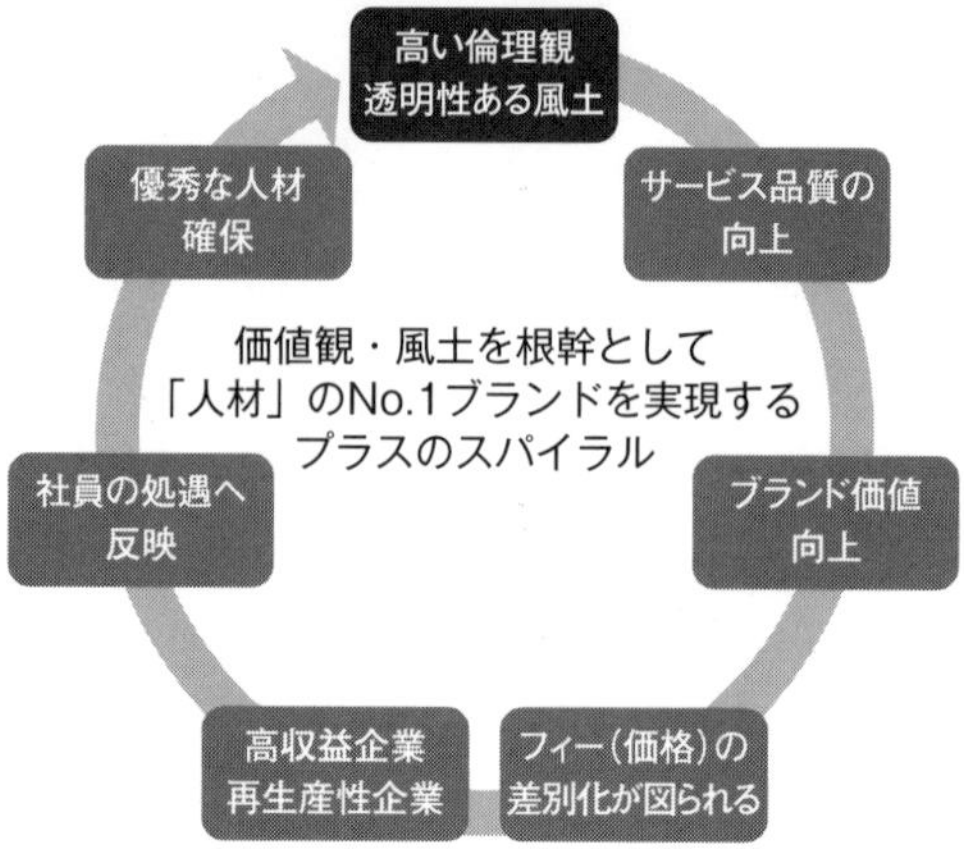

いう面においてもメリットが生まれます。そのため、人材の専門性・能力・経験の豊富さが、事業の優位性に直結するのです。

明豊ファシリティワークスの従業員数は二二八名（二〇一七年一一月末時点）ですが、一級建築士七五名、一級建築施工管理技士四二名、認定コンストラクションマネジャー五八名のほかにも、多くの専門性・有資格者を持った人材が在籍しています。それだけの人材を獲得するための源泉は「高い倫理感」と「透明性のある風土」にあります。

高い倫理観を保ち、透明性のある風土を実現し続けるためには、サービス品質の向上が不可欠です。そのために独自のシステムを自社開発し、全社員の負荷状況はすべて可視化されています。例えば各社員が取り組んだ業務内容、投下時間、付加価値額が整理され、各個人ごとの時間当たり生産性が算出されています。各個人の付加価値レベルに応じて、顧客に対するフィーの設定も変えており、適正品質と透明性のある価格の均衡がとれているのです。また、その付加価値の差は処遇にも反映されており、メリハリのある人事制度を導入しています。ほかにも優秀な社員がさらに活躍するために社内でさまざまな取り組みがあります。例えば、社内、社外、テレワークなど場所を意識せずに業務を行うため、ＩＴシステムを整備し高効率を生み出しています。結果的に、成果を出すことのできる社員は働きがいを持って取り組むことができるのです。

明豊ファシリティワークスの企業理念は、「フェアネス」「透明性」「お客様の側に立つプロフェッショナル」です。この理念の追求は社外の顧客に対しても、社内の社員に対しても徹底され、結果的にプラスのスパイラルをもたらしています。「高い倫理観」と「透明性」によって社員が使命感を持ち、業務に没頭しているのです。それらの重要性はどの企業も気づいていますが、ほかの業務を優先してしまい、徹底し切れていないことが多いのではないでしょうか。しかし、明豊ファシリティワークスでは、それらの取り組みを徹底・継続し続けた結果、理念に共感した人材が集まり、品質が高まり、ブランド力が高まり、高収益を生み出し、さらなる良い人材の獲得につながっていくという流れができているのです（【図表２－６】）。

●採用、育成、活躍、定着を成功させるポイント

それでは、①採用→②育成→③活躍→④定着、それぞれにおいて成功するためのポイントを見ていこうと思います。

①採用

採用においてまず重要なことは、「自社に合う人材はどのような人か」を定義するということです。過去の採用市場においては「高学歴な人材＝優秀な人材」とする企業も多かったのですが、それでは自社に合う人材は採用できません。結果的に離職してしまったり、活躍できなかったりすることが起きてしまっています。

まずは、自社に合う人材を定義することから始まります。よく「うちの会社に合いそうだ」という会話を耳にしますが、その言葉が共通認識となるように定義をします。そのベースとなるのは、先述したＭＶＶ（存在意義、目指す姿、行動規範）なのです。中長期の経営計画はもちろん、短期の計画に至るまで首尾一貫している必要があります。その計画を実現するためにどのような人材が必要となるのかを整理します。そこがあいまいだったり、矛盾していたりすると、いったいどのような人材を採用すればよいのかわからなくなってしまいます。応募者にと

図表2-7　人が育つ会社、育たない会社

	育つ会社　例	育たない会社　例
目的	理念・ビジョン・将来像に基づく組織戦略を実現する育成	思いつきや感覚的に実施している
ターゲット	目的に基づいて、課題点や伸ばすべき点が明確	目的がなく、特定の人に偏っている
計画性	年間の計画を組んで実施し、定期的に育成状況を確認している	タイミング次第で実施を検討
内容	教育実施後の変化を観測し、常にPDCAを回して見直しを図っている	感覚的に選定している
効果測定	研修の目的に応じた、姿勢・発言・態度・行動等のアウトプットを見ている	面白かった or 面白くなかったという軸のみで判断をしている
継続性	習慣化されるまで、上司がPDCAのフォローを行っている	研修や育成を実施して終わりになっている
経営者関与	教育結果や、実施内容について関心を持って関与・指導する	基本的には無関心

出典：タナベ経営

っても、会社が何をしたいのかわからず、どんな人材を求めているのか不明であると映り、採用前に意欲を失わせることになってしまいます。採用活動は相思相愛によって入社が決まります。そのため、相手にも自社を正しく理解してもらうとともに、魅力ある会社であると感じてもらうことが重要となります。

自社に合う人材がいわゆる〝体育会系〟で、自らどんどん前に進めていけるタイプがよいと感じたのであれば、そのターゲットが集まる場所へ、ターゲットに響くキーワードを打っていくのです。面接は相思相愛を深める場です。互いの長所・短所を理解したうえで納得のいく入社につながれば、次のステップである育成にもスムーズにつながっていきます。

②育成

育成は、それぞれの階層別・職種別・所属別に強化していくことが重要となります。育成というと「研修実施」というイメージを考える企業も多いのですが、研修とともに重要なのは「自社内でどう教えていくか」というＯＪＴです。

人材が育つ会社は【図表２－７】の通り、総じて「ゴールや目的を持って研修を実施している」といえます。そのため、テーマ感や効果測定までじっくり検討するため、思いつきやブームで実施することはありません。研修の効果測定は難しいのですが、短期的な成果として行動の変化が挙げられます。研修で得た気づきによって、受講生の姿勢が変わります。姿勢が変われば行動が変わります。行動が変われば習慣が変わり、成果につながります。研修では正しい姿勢を身につけ、研修後にできるだけ早く行動の変化に結びつけることと、習慣化させることがポイントとなります。そのため、研修時には必ず冒頭で「本日のゴール」を共有することが効果につながります。

また、長期的な研修の効果として、一～三年をかけて成果が正しく発揮されているかを見ていきます。適正なスピードで昇格を果たしているか、各等級における役割を発揮できているか。一過性のものではなく、長期的な成果発揮に関しても教育の結果による変化を確認していきます。

そして、それらをつなぐのが業務を通じたOJTなのです。研修を通じた学びは点にすぎず、業務を通じて点と点を結びつけて、面として有機的な学びにつなげていきます。一過性の行動レベルから継続的な習慣として身につけさせていきます。これらを支えるのがOJTトレーナーの役割であり、業務を通じてレベルアップを図ります。単純に「仕事を覚えさせる」という役割に終始しているのは、OJTトレーナーとしての役割としては不十分なのです。そのため、何を学んできたか、何が課題なのか、どう改善していこうと考えているか。OJTトレーナーは常にその状況を把握し、適切なフォローをしていく必要があるのです。

次に悩ましいのは育成するべき内容を整理する点でしょう。育成するべき内容は、「求める人物－発揮成果・能力＝不足能力＝育成」という式から導かれます。「求める人物」と「発揮成果・能力」は人事制度を通じて明らかにしていきます。その不足を補うものが育成となります。人事制度と育成の仕組みをマッチさせた事例として【図表2－8】のように示すことができます。

タナベ経営では、人材の要件を階層ごとに「バリューアップスキル」「ヒューマンスキル」「リーダーシップスキル」「マネジメントスキル」と定義し、階層ごとに求められる面積を色分けしています。特徴的なのは、低階層であってもリーダーシップの発揮は欠かせないという点です。

それぞれ階層ごとに求められる要件と役職を左側に記載し、□枠内にはその企業の評価制度

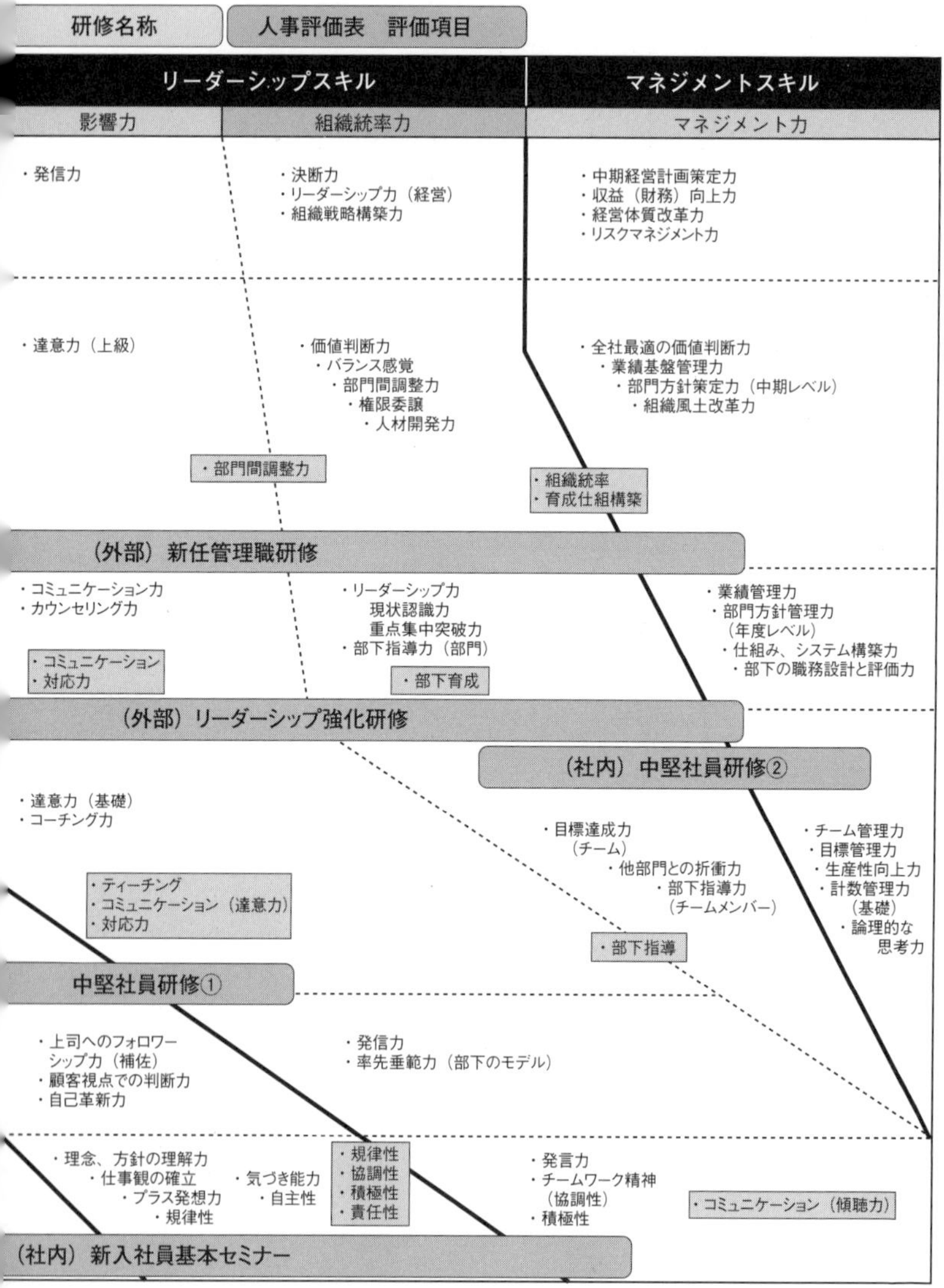
研修名称
人事評価表　評価項目
リーダーシップスキル
マネジメントスキル
影響力
組織統率力
マネジメント力
・発信力
・決断力
・リーダーシップ力（経営）
・組織戦略構築力
・中期経営計画策定力
・収益（財務）向上力
・経営体質改革力
・リスクマネジメント力
・達意力（上級）
・価値判断力
・バランス感覚
・部門間調整力
・権限委譲
・人材開発力
・全社最適の価値判断力
・業績基盤管理力
・部門方針策定力（中期レベル）
・組織風土改革力
・部門間調整力
・組織統率
・育成仕組構築
（外部）新任管理職研修
・コミュニケーション力
・カウンセリング力
・リーダーシップ力
現状認識力
重点集中突破力
・部下指導力（部門）
・業績管理力
・部門方針管理力
（年度レベル）
・仕組み、システム構築力
・部下の職務設計と評価力
・コミュニケーション
・対応力
・部下育成
（外部）リーダーシップ強化研修
（社内）中堅社員研修②
・達意力（基礎）
・コーチング力
・目標達成力
（チーム）
・他部門との折衝力
・部下指導力
（チームメンバー）
・チーム管理力
・目標管理力
・生産性向上力
・計数管理力
（基礎）
・論理的な
思考力
・ティーチング
・コミュニケーション（達意力）
・対応力
・部下指導
中堅社員研修①
・上司へのフォロワー
シップ力（補佐）
・顧客視点での判断力
・自己革新力
・発信力
・率先垂範力（部下のモデル）
・理念、方針の理解力
・仕事観の確立
・プラス発想力
・規律性
・気づき能力
・自主性
・規律性
・協調性
・積極性
・責任性
・発言力
・チームワーク精神
（協調性）
・積極性
・コミュニケーション（傾聴力）
（社内）新入社員基本セミナー

図表2-8 スキルアップ図

階層	目標	役職	バリューアップスキル 新付加価値創造力	バリューアップスキル 実践力	ヒューマンスキル 人間力・自主性
8	全社戦略・方針・目標に従い、事業部・課の戦略・方針・計画の策定を行うとともに、所管組織のマネジメントを通して、組織の業績・業務目標を達成させる。	部長	■コンセプチュアル ・ミッション、ビジョン構築力 ・事業戦略構築実践力	・実践力 ミッション、ビジョン、戦略推進	・経営哲学 ・人間力（人格）
			ベンチマーク企業視察		
7	全社戦略・方針・目標に従い、所管組織の戦略・方針・計画の策定を行うとともに、マネジメントを通じて、組織の業績・業務目標を達成させる。	部長 次長	・戦略構築力 ・新付加価値創造力 （新商品・新サービス・新顧客）		・コンプライアンス体制整備 （法令遵守力）
			（外部）戦略力強化研修		
6	上位組織の方針・目標に従い、所管組織（課）の方針・計画の策定を行うとともに、所管組織のマネジメントを通じて、組織の業績・業務目標を達成させる。	次長 課長	・問題解決力 ・ロジカルシンキング力 ・創造的思考力 ・戦略的思考 ・事業構想力	・実践力 戦略、方針推進	・基本法令理解
5	所属組織の方針・計画に従い、率先して模範を示すとともに、自らの目標を達成させる。下級者に対して担当における業務指導を行う。	係長	高レベル ・業務知識、技能	・改善企画力	・顧客視点での価値判断力 ・信頼関係構築力 ・共感力 ・規律性 ・協調性 ・積極性 ・責任性
4	所属組織の方針・計画を理解し、高度な技能と専門的知識を発揮し、自らの目標を達成させる。下級者に対して担当における業務指導を行う。	係長 主任			・他部門へのパートナーシップ力
3	上司・上級者の指示・命令・監督の下、技能と専門的知識や判断を要する業務を担当し、自らの目標を達成させる。	主任	■テクニカル ・専門分野の知識、技術、技能【上級】 ・業務改善力 中レベル ・業務知識、技能	・業務の仕組化 （正確性迅速性向上） ・担当業務改善	・規律性 ・協調性 ・積極性 ・責任性
2	上司・上級者の指示・命令・監督の下、担当業務に自己の判断を加えながら独力で遂行することで自らの目標を達成させる。		・専門分野の知識、技術、技能【中級】 ・顧客視点での発想力		・実践力 正確性、迅速性
1	上司・上級者の指示・命令・監督の下、担当業務を手順に従って遂行することで自らの目標を達成させる。		・専門分野の知識、技術、技能【基礎】 基本レベル ・業務知識、技能	■ビジネスの基本 ・報、連、相 ・仕事のすすめ方 ・執務の基本 ・顧客情報の扱い方	・正確性 ・迅速性 ・創意工夫

で求められる評価項目が記載されています。箇条書きの部分はタナベ経営が提示する階層ごとの能力要件となり、それぞれの評価制度がバランスよく、抜け・漏れなく要素が含まれているかを確認します。そのうえで、どのような研修を実施していくべきかを角丸四角形の枠で示しています。ここでは、階層別の分類をメインにしていますが、このように整理をすることによって、前述の式が整理されて有効に機能します。

また、近年では、社内大学（アカデミー）を設立する企業も増えてきています。社内に大学のようなカリキュラムを組んで、自社の社員が講師になることによって、社員が社員を育てていく取り組みです。そのような講演を動画化することによって、いつでもどこでも学ぶことのできる環境を整備する企業も増えています。

社内で独自のカリキュラムを組むことによって、自社独自のルールや、ニッチな専門知識、現実的な想定に基づいた顧客対応演習など、戦力化のスピードを高めるためのツボを押さえた教育システムをつくることが可能となっているのです。

このような社内大学の取り組みは、年々ニーズが増えてきています。事業自体の競合がさらに激しくなっていく世界においては、「社員が社員を指導する」ことによって、競争力を高め、ニッチトップを目指すのです。中堅~中小企業の勝ちパターンといえるでしょう。

③活躍

自社に合う人材を採用し、育成ができていればスタートとしては十分ですが、三年、五年と経過すると自社にとって必要な優秀な社員が離職するケースも出てきます。その場合には、「活躍」の施策がとられているかを考えなければなりません。

活躍に関しては、現在導入している制度や施策がモチベーションに正しく寄与しているかの確認が必要です。人事制度（評価制度・賃金制度）は適正な内容であり、かつ適正な運用ができているか。チャレンジする機会やレベルアップする機会が与えられ、本人のキャリアビジョンと一致する仕事が与えられているか。組織の配置は、適材適所といえる配置ができているかなど、人事に関連する各種施策を見直していく必要があります。

これらの制度を見直していくためには、「社員の正直な意見」に耳を傾ける寛容さが必要です。耳の痛い話も出てくることはありますが、それが改善されない限りはどんなに良い仕組みや制度ができても、社員は話をきく姿勢を取らないものです。そのため、人事に関連するチームのメンバーは密に現場から生々しい話をきくことが正しい施策につながっていきます。その声を通じて、より自社らしい施策に展開していくのです。

これまでの人事の位置づけは、トップダウンで制度を進め、それらのルールを正しく守ることが求められるという企業も多かったのではないでしょうか。これからの人事に求められるのは、トップ・経営幹部・管理職・一般社員と一気通貫で意思が伝わる仕組みの中心にいることです。その成果が、結果的に社員の「活躍」につながることにより、業績向上に寄与することが人事には求められるのです。そのような社員が適切に活躍する組織がつくられているかを判断するための軸として、次の五つがポイントとなります。

1．組織価値志向

組織が社会や顧客に対して提供する価値（理念やミッション）を正しく理解し、各個人の行動につながっていることが正しい姿です。所属組織（自社）が何のために存在しているかという価値を社員が理解することは、すべての働きがいや行動の原点となります。

2．相互支援

社員同士が互いを尊重し、助け合う文化が醸成されていることが信頼関係につながり、シナジーを生み出します。組織における上司・部下の関係性、部署内において周囲と相互に支援し合う関係が構築されているかなどの職場風土醸成が必要です。

3．組織関与

自社の社員であることに意味を感じ、働き続けたいと願っているか、仕事や環境に満足しているかなどが組織への貢献につながります。現在の会社や職務、環境に対する満足度を高めていくことが求められます。

4．顧客価値志向

顧客から選ばれ続けるためにはどうするべきかという視点で行動することは、業績向上とモチベーションが連動します。顧客視点を持った行動をとり、顧客に対する姿勢が具体的に商品やサービス行動に反映され、それを実現するために自分自身の能力開発を進めるなどの改善姿勢が必要です。

5．人事制度整備

前記1～4を実現するためにも、組織・人材を支えるハード面としての制度基盤整備も同時に進めていかなければなりません。例えば、労働時間管理、職場環境整備、採用ブランド意識、人員の適正配置、評価の妥当性や納得性、昇進昇格ルール、育成など、人事制度等の整備を進めていく必要があります。

④定着

最終的に採用・育成・活躍の施策の結果が定着につながります。実際に採用の基準を「自社に合う人材」に基づいて再定義し直した結果、入社一年目の新卒離職率五〇％の企業が、ゼロに改善したこともあります。また、全国展開しているアパレル小売店ではパート・アルバイト社員向けの研修を随時行ったところ、パート・アルバイト社員の離職率が五〇％減少したとい

図表2-9　会社（人事）に伝えた退職理由と本当の退職理由

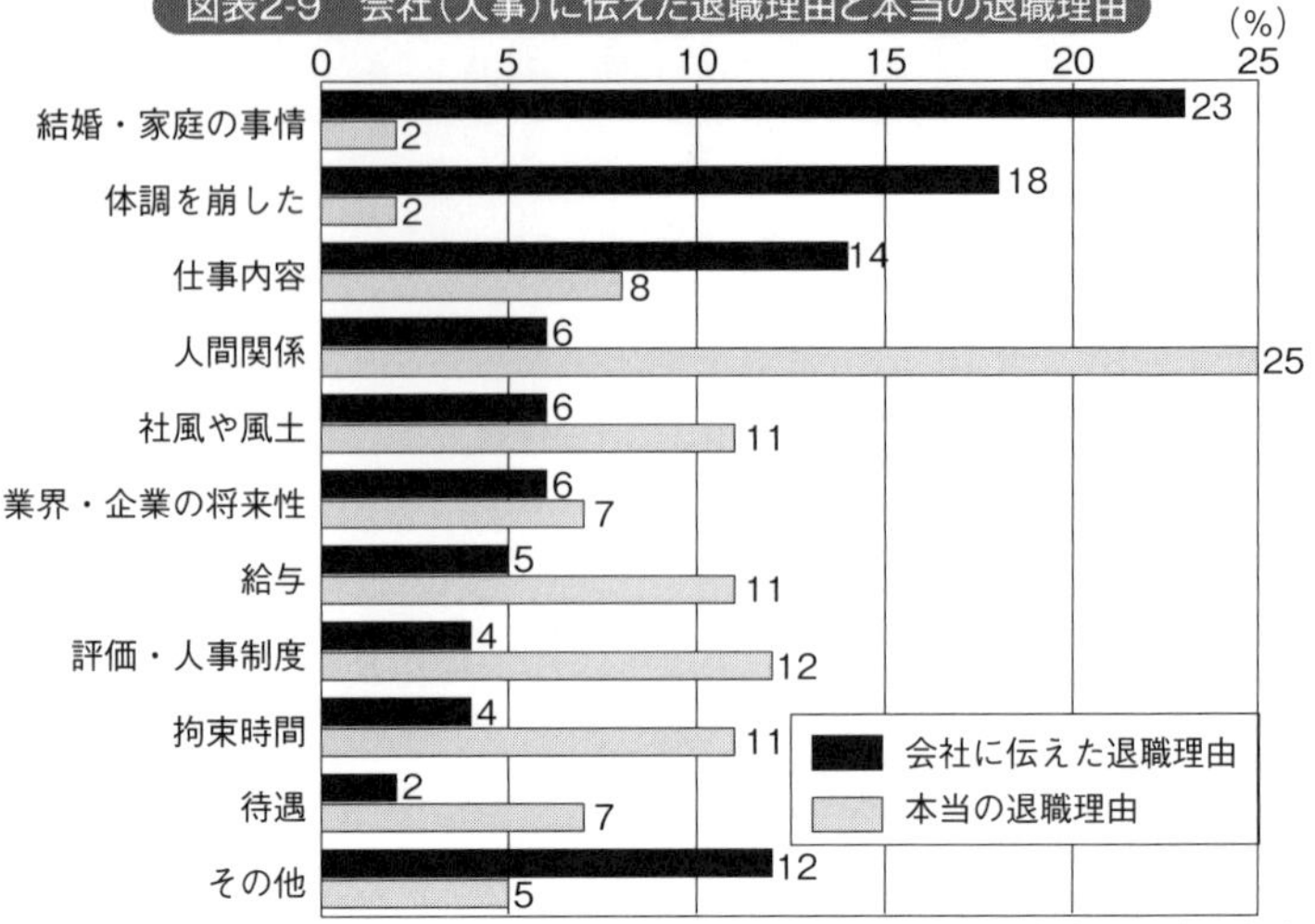

出典：エン・ジャパン「退職理由のホンネとタテマエ」アンケート調査（2016年）より作成

う話もあります。自社に共感し、成長している社員が活躍をしていれば、結果的に定着をするということは揺るぎない事実であるといえます。

人が退職する理由はさまざまありますが、それらを理解することは、気づきにくい自社の課題をつかむことにつながります。その際には「ホンネ」の理由と「タテマエ」の理由を知ることが重要となります。【図表2－9】は、人材採用支援会社のエン・ジャパンが行った、退職理由のホンネとタテマエを聞いたアンケート調査の結果です。

この結果を見て、人間不信に陥る方もいるかもしれませんが、「結婚・家庭の事情」を退職理由として会社に伝えた人のなかで、本当にその理由で退職したのは二％しかいないという結果が出ています。

退職者の本当の退職理由を知ることは非常に難しく、辞めてもらいたくないと思っている社員ほど本音を周囲に漏らさずに去ることがほとんどです。しかし、退職を申し出る前には必ず予兆があるものです。突然退職せざるを得なくなったというケースもありますが、それでも現在の境遇を上司に相談するなど、事前にアラームが鳴っていたはずなのです。人間関係や給与に関しても、移動中の会話や、飲み会の席につきものの愚痴かと思って見過ごしていたら、本人は深刻に考えていたということもあります。上司から見ると、「そんなに真剣なら個別に話す機会を設けて相談してくれれば……」と思うかもしれません。しかし、退職を申し出る側からしてみたら、「あまり大げさに退職の意向を相談したら心配されるから、まずは軽くタイミングを見て相談しよう」と思う人も多いのではないでしょうか。それが移動中の空き時間や、飲み会のタイミングで冗談半分に聞いているときということもあるのです。

そのため、退職理由はわからないのではなく、「気づいていない」ということが多いのです。気づくためには、やはり上司と部下の関係を強化することが必要です。そもそも、困っている社員が相談できる環境が自社にあるでしょうか。常に部下の表情を見て、体調が悪そうだとか、モチベーションが下がっている状態であるか、集中しているかどうか気づいて声をかけられるマネジャーの存在が必要なのです。

ステップ3 社員満足度が高まる――働きやすさと働きがいを見極める

ステップ3は、社員満足度（ES）が高まるということです。人が集まる理由をつくり、社員を大切にするために採用、育成、活躍、定着の四段階を進めるための体制ができれば、結果的に社員満足度を高めることができます。そのような環境づくりを進めるための着眼を確認していきます。

●「働きやすさ」と「働きがい」の両方を追求する

まず、社員満足とはどういうことなのかを、あらかじめはっきりとさせておきたいと思います。社員満足度を上げるための取り組みはメディアで目にすることも多いのですが、「働きやすさ」を追求したものが多く、クライアント先の経営者から「そんなに甘くない」「あれをまねしてばかりいたら、会社がおかしくなる」といった声を耳にします。その要因としては「働きやすさ」と「働きがい」の施策を混同して捉えてしまっている可能性があります。「働きやすさ」と「働きがい」は、言葉は似ていますが、「働きやすさ」は労働環境を指すことが多く、「働きがい」は社員の意識を高めることを指すことが多いため、それぞれの施策が異なってきます。ただし、社員満足度を高めていくためには、「働きやすさ」と「働きがい」の両方がバランスよく施策としてとられていなければならないのです。それぞれについて各施策を見ていきたいと思います。

●「働きやすい」環境をつくる

「働きやすさ」についてもう少しひもとくと、各個人が大切にしているライフ（生活）面や、プライベート、キャリアを実現しやすくするための取り組みとも捉えることができます。残業時間が短かったり、働く時間を自由に選べたり、あるいは育児休業など家庭と仕事を両立させるための制度が整っていたりすることなどが挙げられます。

「働きやすさ」を考えるときに、近年では長時間労働の問題がクローズアップされています。なぜ長時間労働が発生するのか。その要因としては、【図表2－10】の資料の通り、顧客対応、業務過多、人員不足というビジネスモデルにも関わる本質的な課題が主な理由を占めています。決して、気合いや気分を高めるだけで早く帰れるようにはならないのです。そのような状況にもかかわらず、業務改善の手を何も打たずに「定時退社」を促した結果、モチベーションを阻害するようなことも起こっています。

図表2-10　所定外労働(残業)が必要となる理由

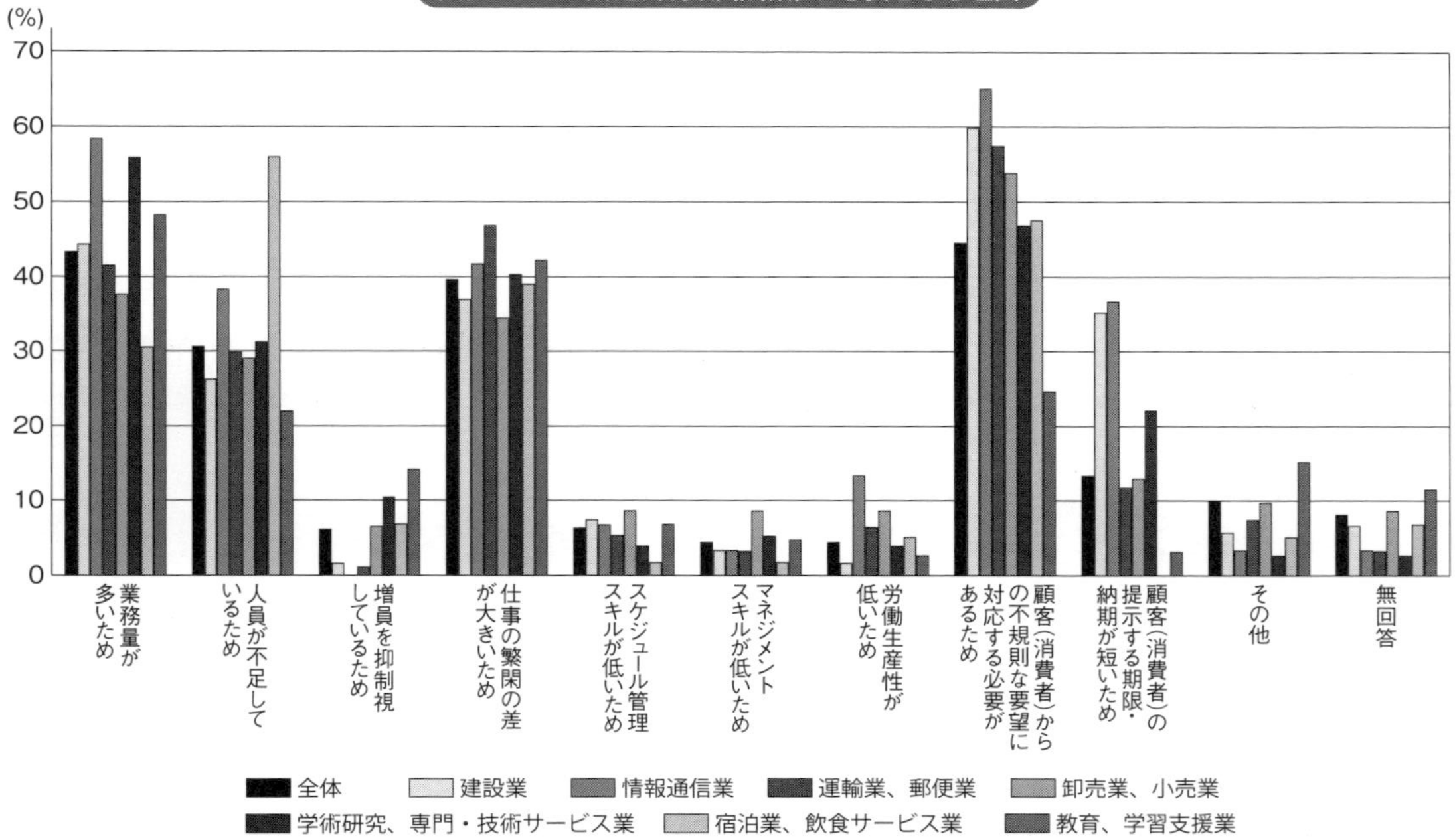

出典：「平成28年版過労死等防止対策白書」(厚生労働省)

そんななか、ワーク・ライフ・バランスの取り組みを進める企業が増え、具体的な成功例も多く出始めています。ただ、ワーク・ライフ・バランスという言葉について誤解している人が多く、ライフ面にウェートを置きすぎて失敗しているケースも見られます。ワーク・ライフ・バランスを実現するための着眼点としては、次の五つが挙げられます。

①全社員が対象となる施策にすること

施策内容が特定の人のみ享受できるものだと、反感を持たれる可能性があります。例えば、ワーキングマザーの施策を強化した場合には、ワーキングマザーのみが働きやすくなります。しかし、その女性の仕事はほかのメンバーに割り振られるため、周囲は反感ややっかみを持つようになるかもしれません。その空気に、本人も気づいてぎくしゃくし、互いに不幸になる可能性があるのです。そのため全社員に適用できるような施策を考えなければならないのです。

ここでマネジメント力が問われます。周りの社員が「あの人の分の仕事を押しつけられている」と感じないように、評価制度の見直しや、業務の再分配が必要なのです。

採用難・働き手不足の時代でもあります。今まで多くの企業がしてきたように育児中の女性（あるいは男性）を排除していてはその企業に発展はありません。育児だけでなく介護、本人のけがなど、フルタイムで働くことが難しい事情を抱えている社員もいるでしょう。そのような

図表2-11　アウトプットとインプット

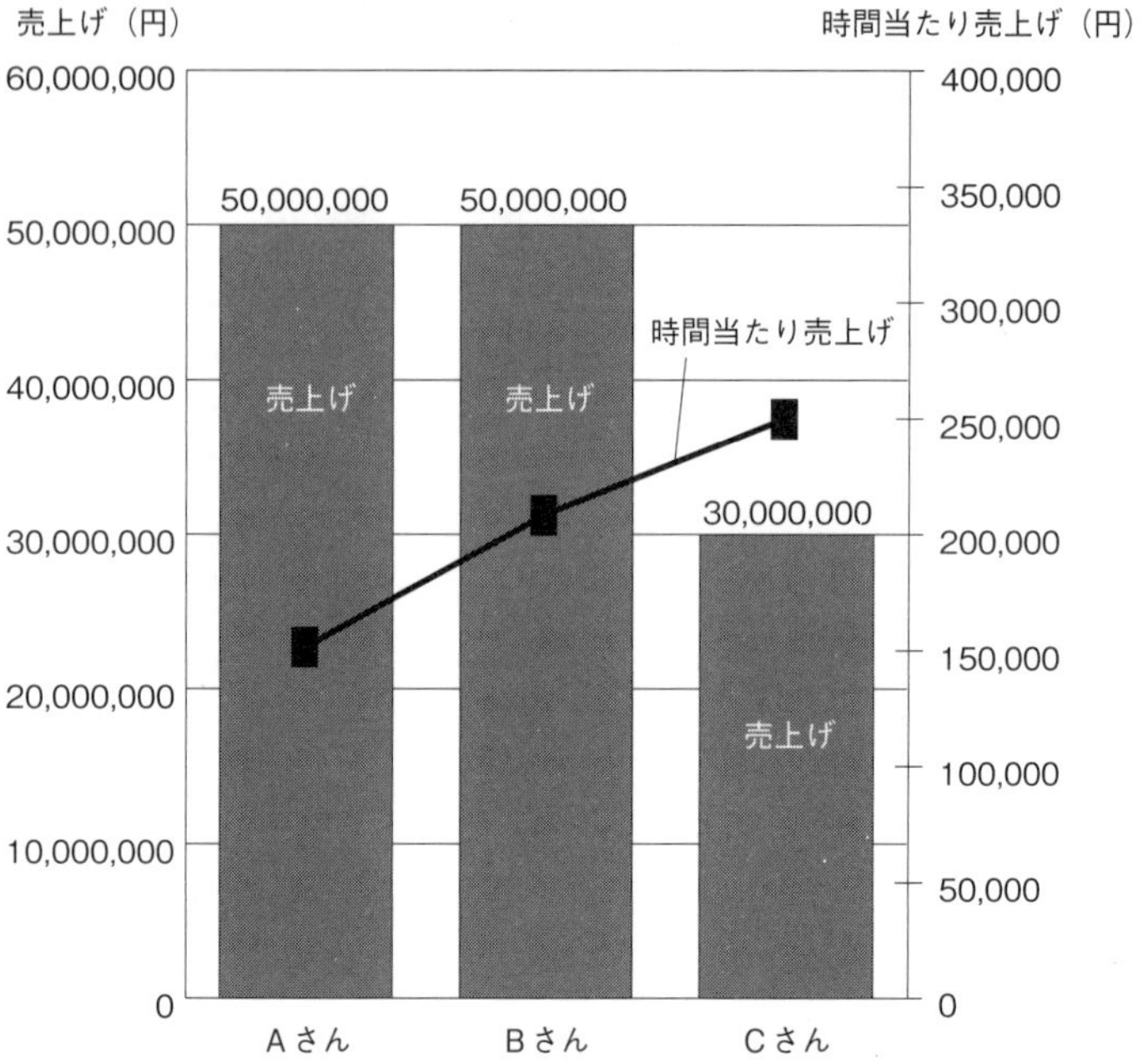

	売上げ（アウトプット）	投下時間（インプット）	時間当たり売上げ（時間生産性）
Aさん	50,000,000	220	227,273
Bさん	50,000,000	160	312,500
Cさん	30,000,000	80	375,000

社員も、会社が制度を整えれば、持てる力を発揮することができます。前述したサイボウズは多様性を認める社風で知られていますが、それぞれが選択したスタイルで働くことができるので離職率は大きく下がり、業績も上がり続けています。フルタイムで働けない人を責めるのではなく、それぞれの事情を踏まえたうえで最大限に貢献してもらえる制度構築を行うことこそが、これからの時代には求められるでしょう。

②時間生産性を意識すること

目標や成果は定量的に判断されるべきですが、その尺度を変革するときがきています。成果を単純に「アウトプット」のみで判断するのではなく、「インプット」も同時に考える視点が必要となります。例えば【図表2－11】ではアウトプットは「売上げ」となり、インプットは「投下時間」となります。

【図表2－11】の場合、生産性の評価軸を持たない企業では、売上げを多く上げているAさん、もしくはBさんが評価されてきました。さらには、「Aさんのほうが残業をして、ぎりぎりまでやって成果を上げた。Bさんはまだまだ余裕があって余力を残して達成している。だから、Aさんが素晴らしい！」という会社もよく目にしてきました。ともすれば、Bさんはやる気がないとも揶揄《やゆ》される状態です。しかし、時間当たりの生産性を見ると、【図表2－11】で最も評価を得るべきはCさんであり、限られた時間で効率的に成果を上げてきた結果であるといえます。その差は、「働けるという環境にある」だけであって、Cさん自体の成果は評価に値するのです。

③自社に合う施策を導入すること

各社はさまざまな施策に取り組んでいますが、他社の模倣をするだけでは成功しません。成長マトリクスで有名なイゴール・アンゾフは「戦略は組織に従う」と提言しました。ワーク・ライフ・バランスに関しても、この考えに従って施策を考えなければなりません。自社に合う施策を考えるときに、社員のモチベーションの源泉を阻害するようなものにならないよう注意が必要です。

例えばデザイナーがクリエイティブな仕事をしているにもかかわらず、九〜一七時の八時間労働で成果を求められれば、窮屈に感じてしまいます。そのため、裁量労働制という選択をします。また、私たちのようなコンサルタントという職種のなかには「思いきり働いて、いろいろな経験を積みたい」という理由で入社してくる人も一定数存在しています。当然、労働時間の制約はありますが、そのような人に労働時間という切り口だけの話をしても平行線をたどるばかりです。

そのため自社に合う施策を打つために、社内でワーク・ライフ・バランス実現のためのプロジェクトチームを発足させることは非常に有効な取り組みです。そのなかで、施策は「社員がしらけないもの」「現実的なもの」「社内に浸透する（流行する）もの」を検討することが成功につながっていきます。ワーク・ライフ・バランスに成功している各社の取り組み事例を見ると、現場レベルでの改善が大半を占めています。現場レベルの細かい改善の積み重ねがワーク・ライフ・バランスを実現するポイントとなります。

④トップ自らが発信し、機運を高めていくこと

ワーク・ライフ・バランスを実現させるためには、トップからの発信が欠かせません。トップの意志が示されなければ、社員はいつまでも懐疑的で「評価に影響はないか」「白い目で見られないか」「形式的に導入しただけなのではないか」など、制度を利用することに躊躇《ちゅうちょ》します。そのためにもトップから方針を落とし、根づくまで徹底させていく必要があるのです。その本気度が社員にも伝わります。

また、方針決定の際に注意しなければならない点として、「残業削減に取り組まないと採用が増えないから仕方ない」「風評被害を受けないためにも手を打たなければならない」など、後ろ向きの姿勢で方針を立てると、その温度感が社員にも伝わってしまいます。社員からは、「自分たちへの配慮ではなく、結局は会社のためか……」とトーンダウンしてしまうので、注意が必

要です。

⑤決められたことを徹底して、風土を醸成していくこと

決められたルールを徹底することによって、制度が定着し風土に変化していきます。この段階まで浸透させるためには、徹底力が必要です。一時的な流行にならないように、方針をPDCAでブラッシュアップしていくことが求められます。

前述のプロジェクトチームがリーダーシップを発揮して取り組み続けると、有効に機能します。施策の活用状況や、時間外労働の時間推移などを定期的に社内に発信することによって、社員の実感も高まっていきますし、活躍し切れていない社員や改善が遅れている社員に危機感を持たせることにもつながっていきます。また、そのような取り組みを外部へ発信することによって、「わが社では当たり前のこと」という機運を維持することにもなります。

実際にワーク・ライフ・バランスという言葉を正しく理解し、決して甘えの制度ではなく個人のキャリアや仕事と人生を考えた施策の成功例として、もう一度サイボウズの例を紹介します。サイボウズでは、ワークスタイルの変革を試み、二〇〇七年から「選択式人事制度ワークスタイル」を採り入れています。働く時間を縦軸に、働く場所を横軸にそれぞれ三つのパターンを設け、その組み合わせの計九パターンから働き方を自由に選ぶことができるのです（**【図表**

図表2-12　サイボウズの選択式人事制度ワークスタイル

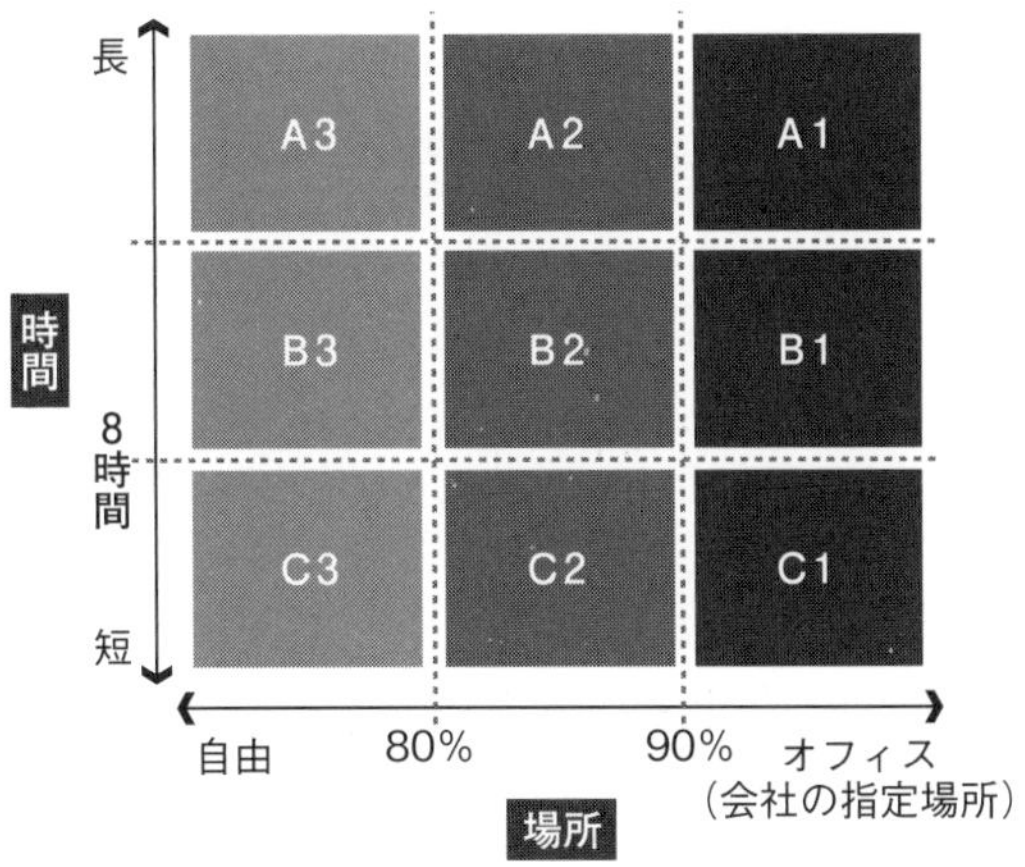

出典：サイボウズホームページより作成

2-12】）。

子どもがまだ小さく育児に追われているならば、在宅で空いた時間に働き、子どもが大きくなって手がかからなくなれば、オフィスで働く時間を中心とする。そんなワークスタイルが選べる制度なのです。これまでも各企業にはフレックスタイム制や、在宅勤務制がありましたが、それらを融合させ、自分が考えているキャリアを構築していくことのできる「働きやすさ」を追求した制度、ということができるのではないでしょうか。

●「働きがいのある」環境をつくる

社員満足度を高めるための要素としてもう一つ大事なものに、「働きがい」があります。人は「自分のやりたい仕事」をしていると時

図表2-13　マズローの欲求5段階説

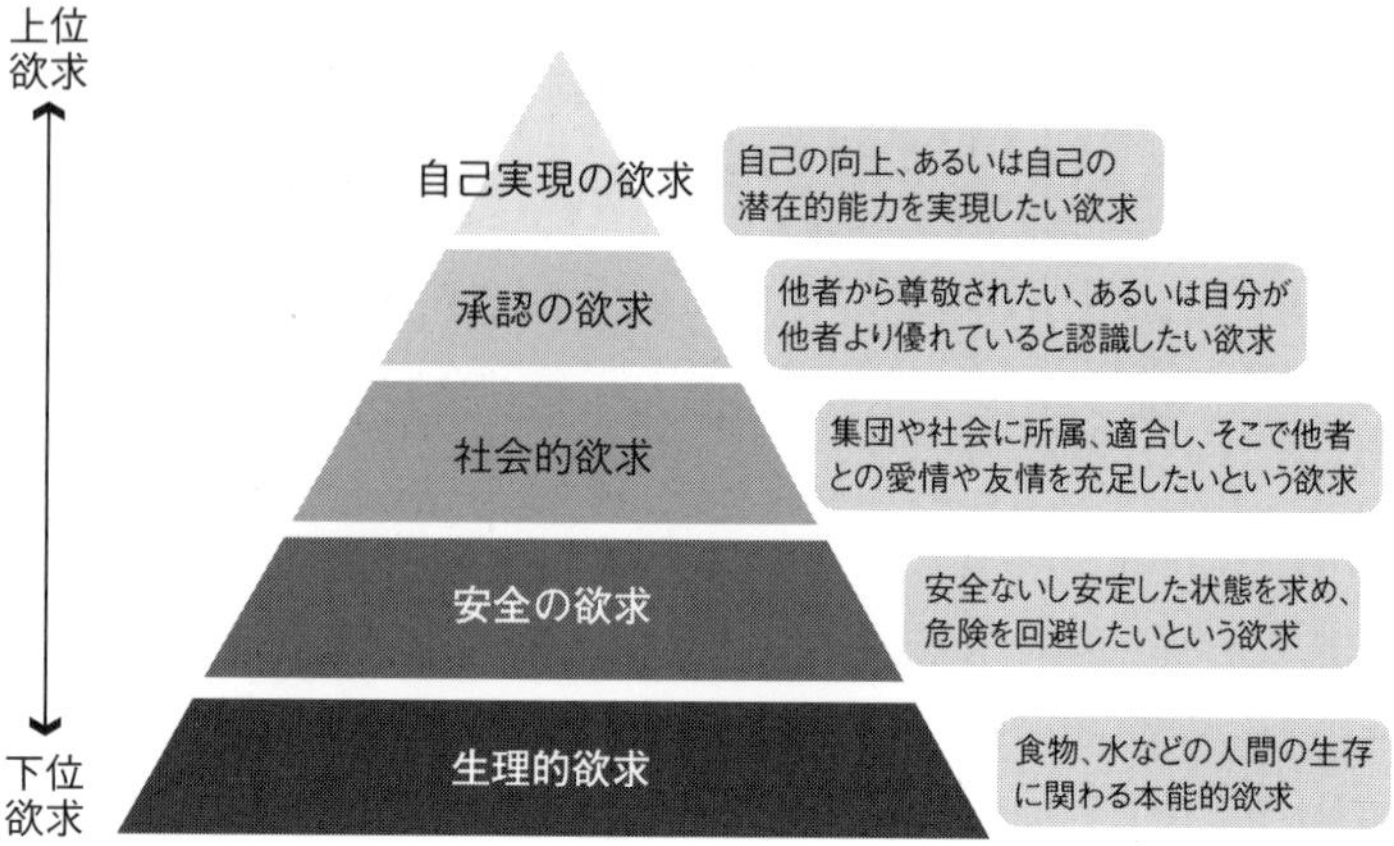

間を忘れてしまうものです。一日八時間以上の労働が続いても集中でき、高品質のアウトプットにつなげることができます。さらに、その結果が認められて人から感謝されると、人は「もっと認められたい」「もっと人の役に立ちたい」「もっと新しいことに挑戦してみたい」「自分は社会の役に立つために存在している」という気持ちに変化します。

働きがいを考えるうえで、米国の心理学者、アブラハム・マズローの「欲求五段階説」は外すことのできない考え方であるといえます（**【図表2－13】**）。

五段階欲求説では、下位欲求から順番に上位欲求へと満たされていくという考え方です。企業に所属して適切な人間関係ができていれば社会的な欲求までは満たされているといえます。

一方で、承認欲求と自己実現欲求に関しては企業によって差が出やすい要素です。この理論を整理すると、「働きやすさ」は生理的欲求・安全欲求・社会的欲求であり、「働きがい」は承認欲求・自己実現の欲求であると捉えることができます。

マズローと並ぶ米国の心理学者、フレデリック・ハーズバーグの「動機づけ・衛生理論」も外すことのできない考え方となります。

衛生要因には、会社の方針と管理、監督、監督者との関係、労働条件、給与、同僚との関係、個人生活、部下との関係、身分、保障が含まれ、動機づけ要因には、達成、承認、仕事そのもの、責任、昇進、成長が含まれています。衛生要因はいくら満たしても仕事への満足度が高まるわけではなく、むしろ不足したときに不満を招くものとなっています。また、動機づけ要因はそれとは逆に、満たせば満たすほど仕事への満足度は高まるが、不足しているからといって不満が増えるわけではないというものです。ハーズバーグの理論を整理すると、「働きやすさ」とは衛生要因であり、「働きがい」とは動機づけ要因だと捉えることができます。

それぞれの理論からいえることは、施策には順番やバランスが重要であるということです。部下の「働きがい」を考えるときに、「自己実現をさせてあげたい」「達成感を味わわせてあげたい」と考えるマネジャーは多いと思います。

しかし、マズローの説で考えると、日々の業務のなかで自分の取り組みが正しいかどうかフ

図表2-14　ハーズバーグの衛生要因と動機づけ要因

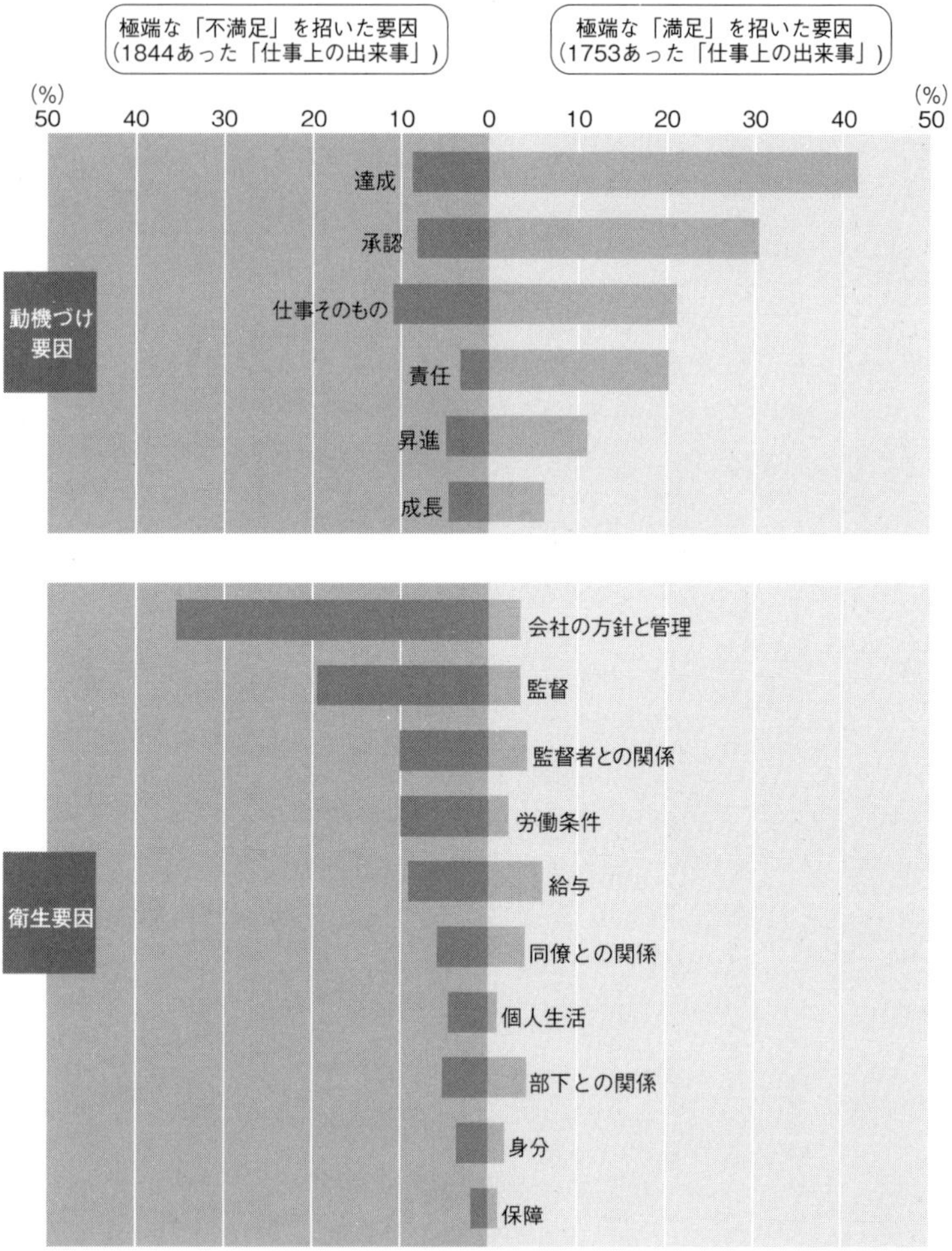

出典：『新版　動機づける力　モチベーションの理論と実践』
DIAMONDハーバード・ビジネス・レビュー編集部編訳
（ダイヤモンド社）

ィードバックを得ていない状態や、評価を受けることもなく、良いのか悪いのかわからない状態であれば、承認欲求が満たされず不安を感じてしまいます。そのような自信を持てない状態で、自分がやりたいと感じていた仕事を与えられても、やる気に満ちた状態になれず、むしろ不安な気持ちのほうが強くなってしまいます。一つひとつができるようになり、周囲に認めてもらってこそ、やる気が高まり、自己実現の欲求を満たす段階がくるのです。

また、ハーズバーグの説で考えると、まずは会社・管理者が社員から信頼を得ることに取り組まなければならないといえます。信頼を構築するためには、衛生要因における問題をある程度解消できていなければ、相手は聞く耳を持ってくれません。会社の今後の発展を支えるための新規事業開発のプロジェクトが発足し、プロジェクトメンバーに選出されれば、これまでの仕事が認められた結果だと捉えて、承認欲求が満たされます。そのプロジェクトが自分に興味のある事案であれば、一気にやる気が高まって集中して取り組めるはずです。しかし、その時点での時間外労働が、慢性的に一〇〇時間を超えている状況であれば、新たな仕事の取り組みに戦々恐々としてしまうでしょう。

「現在の自分がこんなに忙しいことを上司は知っているのに、もっと忙しくしようとしているのか⁉」と不信感すら抱きかねません。そのため、衛生要因の改善可能な点については早めに手を打ち、同時に動機づけ要因につながる施策を打つという順番が大切となります。

「働きがい」を醸成していくためには、ワーク・ライフ・バランスと同様、プロジェクトチームを発足して自社に合う施策を検討することが起点となり、会社全体を盛り上げる起爆剤として機能します。プロジェクトメンバーは、階層を問わず部門横断で集まり、プロジェクト内では通常業務の役職ではなく、プロジェクト内の役割に応じて議論を進めていくことが活発な意見交換につながります。プロジェクトの進め方は次の通りとなります。

1．プロジェクトメンバーによるブレインストーミングを行う
2．出てきた意見を「働きがい」と「働きやすさ」に分類する
3．自社に合う施策を選抜するとともに、導入の優先順位を決める
4．各施策の具体的な落とし込みを議論し、ガイドラインとして社内に発信する
5．導入した施策の成否を月に一回の定例会議で情報共有し、ブラッシュアップを図る

実際にコンサルティングの現場において、この流れに従って導入を進めた結果、次のような効果が得られています。

・社内では「あだ名」で呼ぶことを推奨する。また、あだ名の由来は、聞かれたら答えられるように準備しておく。結果的に、今まであまり会話のなかった社員間でも興味を持って話しかけるような風土が醸成された。

・社内のなかで活躍している人材をもっとフォーカスさせるために、「うちの会社で頑張っている人材」の無記名アンケートを実施し、得票の多い人を表彰することによって、承認欲求を満たし、やりがいを高めた。さらに、「なぜ頑張っているか？」という理由も公表することによって、成功例に学ぶ社員が増えた。

・社内イベントには家族での参加を認める。バーベキュー大会や、社員旅行などの社内イベントに家族が参加することによって、家族にとっても社員の仕事ぶりや雰囲気が伝わり、家庭内に応援してくれる人が増えることによって、家族ぐるみで会社に協力的な姿勢ができる。

・自分の考えを相手に正しく伝えることによって働きがいを醸成するために、会議のファシリテーション力を強化する。事前に会議の討議テーマを発信し、各人に意見を三つ持った状態で会議に参加させるなど、声の大きい人に偏らないように調整を図る。

・退職した正社員、パート・アルバイト社員に対しても再入社の門戸を広げ、イベント等へ招待をする。さらに、退職者とのコンタクト（再入社）をとることを目的とした食事会などの費用は会社で一定額負担する。

各施策を浸透させるために、現場の意見を尊重し、トップと現場の声をすり合わせながら導入していきます。働きがいに関しては反発の声は少ないのですが、トップと現場の温度差から生まれる「しらけ」や、思いが先に走りすぎてしまった結果、導入後に「徹底し切れない」などの失敗に陥ることがあります。失敗は社員を冷めさせてしまい、不信感にもつながりますので、リスク管理と体制づくりも整備したうえで取り組む必要があります。

●定期的に組織を診断する

組織は人材によって成り立っているため、常に変化しており、安定した状態と不安定な状態を繰り返すものです。人材が育ち、ある程度成熟した組織にはマンネリというリスクを伴います。一方で人材がそろわず、兼任が多く、未成熟な組織には特定の者への負担が大きくなるというリスクが生じやすくなります。人員数はそろっているが、皆の向かっている方向がバラバラであったり、誰一人として主体的に取り組まず受け身になっている組織には、次世代の業績基盤へのリスクが伴います。

このように、どのような組織においても完成形は存在しません。しかし、改善をし続けることによって組織の成熟度を高めていくことはできます。高い成熟度にある組織では、若い社員を責任ある立場に抜てきする配置や、チーム活動を通じてリーダーを輩出するなど、組織形成を通じた人材育成も可能になるのです。そのためにも、無記名のアンケートなど定期的な組織アセスメント（評価・査定）の実施をおすすめします。

今の組織の状態を正しく理解することが、正しい改善につながるのです。

ステップ4 満足度の高い社員が顧客満足を高める——仕事は楽しくしてもらう

ステップ4は、ステップ3に続いて社員の満足度を高める方策に触れ、それを土台にさらに顧客満足まで高めていく段階です。

●仕事を面白く、働きがいのあるものにする

仕事を面白く思っているか、つまらなく感じているか、社員の受け止め方で生産性は大きく変わるものです。ある調査では、社員が面白いと感じている仕事ならば、生産性は通常の三倍になり、疲労感は三分の一になる。逆に、仕事がつまらないと思えば、生産性は三分の一に、疲労感は三倍に膨らむ。面白い仕事とつまらない仕事では、生産性、疲労感に最大で九倍の開きがあるという研究結果もあります。仕事が面白ければ、没頭してしまい、時間を忘れて働き

続けることがあります。集中力も高まり、生産性が向上するというわけです。その手応えを得てさらにどんどん仕事をこなすようになっていきます。仕事のみならず、日常においても「楽しい」と感じることは時間を忘れて没頭し、高い成果を上げるという実感を得たことのある方も多くいるのではないでしょうか。

一方で仕事が面白く感じられなければ、はかどらず、疲ればかりがたまって生産性は落ちていきます。成果も出にくく効率が悪ければ、さらに仕事が苦痛になり、負のスパイラルを描いて生産性は落ちていく一方です。

コンサルティングを通じていろいろな会社にうかがいますが、ある会社では社外の人が来ると、全員が起立してあいさつをしてくれます。その行為自体は良くても、表情は暗く、笑顔も少なく、「あいさつをさせられている」という感がありありと伝わってくるので、訪問したこちらのほうがいたたまれなくなってくるのです。その会社の労働時間を聞くと適正時間内に収まっており、決して長時間労働を強いているという状況ではありませんでした。

しかし、その会社の会議に参加したときに暗さの根源がわかりました。あまりにも強烈なトップダウンによって、社員は自主性を奪われていたのです。業績報告に対して、数字が悪ければ上司に怒鳴り散らされ、「それで今週で数字は取り返せるのか」「やれるのか、やれないのか！はっきりしろ‼」と迫られる。答えはもちろん「数字をやり切ります」という選択肢しかありません。上司はそれに対する方法もヒントも与えず、相手を追い詰めれば数字もついてくると誤解をしているようでした。

思考を奪われては、「仕事は楽しい」と感じるはずもありません。「怒られないように取り組もう」と防衛本能が働き、生産性が上がるはずもないのです。社長から幹部へ、幹部から一般社員へとハラスメントまがいの詰めが行われていたため、離職率も高い状況でした。結果的に業績も伸び悩んでいました。売上げは伸びるものの、利益はついてこない状態で、「成長」ではなく「膨張」をし続け、結果的にさらなる疲弊が生まれ負のスパイラルから抜け出せずにいたのです。そのような会社の改革は、まずは社長の改革から始めなければなりません。そのため、社長と個別に対話をしながら改善を進めていきました。

私個人としても、お恥ずかしい話ですが「仕事がつまらない」と感じた過去があります。別の会社で人事関係の仕事をしていたときのことです。細かいことをすべて事細かに指摘され、やることのすべてを否定され、怒られ続けたという経験があります。

事細かに指摘を受け続けたときには、メールを開くのも怖くなるほど、一つひとつの行動に気を遣いました。さらには自分で考えたアイデアや提案はすべて却下されてしまうため、思考も奪われました。しかし、その上司からは「自分で考えなさい」「なんのアイデアもないのか」とそれはそれで叱責され、その支離滅裂さに思考することをやめて、ひたすら手を動かすのみに注力しました。「もう自分が役に立てることは、体を使って成果につなげるだけだ」と感じるようになり、長時間労働もいとわず働いた結果、心も体も疲れきった状態が続きました。

そのなかで、活路を見いだせたのは「上司に怒られるのは相手のせいではなく、自分の勉強不足が根源なのではないか」と捉え直すことによって、状況は一変しました。それまで勉強不足であった点をクリアするため、就業後にはひたすら勉強し、学んだことをすぐに業務で活かせるようにカスタマイズして提案した結果、上司の対応も変わってきたのです。結果的にだんだんと仕事を任されるようになり、仕事が楽しくなってきたのです。その結果、仕事量が増えたにもかかわらず、残業時間は減少していきました。その時間を使って、社外の人事関係の方々と勉強会を開く時間をつくることによって、またそれを仕事に活かすスパイラルが生まれてきました。最終的には、上司はほぼすべてを任せてくれるようになり、実績を上げることができました。つまり、仕事が楽しくなった結果、生産性が高まり、高い成果につなげていくことができたということです。

やはり「マネジメント」によって、仕事は楽しくもつまらなくもなります。本人の意識をどう変えていくのかというのは、重要な要素なのです。

●顧客満足を生み出すマネジャーの存在

このようにマネジャーの存在は、部下の仕事に対する向き合い方に大きな影響を与え、「楽しい」と感じさせることも「つまらない」と感じさせることもできてしまうのです。また、近年では「いかに人間らしさを引き出してマネジメントをするか」という点からマネジメントのコツをつかむマネジャーを目にするようになりました。

人間らしさとは「承認する」ことや、「動機づけ要因を高める」ことのほかにも、そもそも人間だからこそ持ち得ている「考える」ということに楽しさを与えることが大事であるということです。これらの考え方はハーシィとブランチャードによるSL理論を用いて説明をするとわかりやすいでしょう。

SL理論とは、部下のレベルに応じてリーダーシップの発揮レベルを変えていくという考え方です。

・S1（レベル1）：部下の成熟度が低い状態で、上司から具体的に指示を出して細かく監督をしなければならない段階
・S2（レベル2）：部下の成熟度が高まってきた状態で、上司から考え方を説明し、考え

図表2-15　SL理論

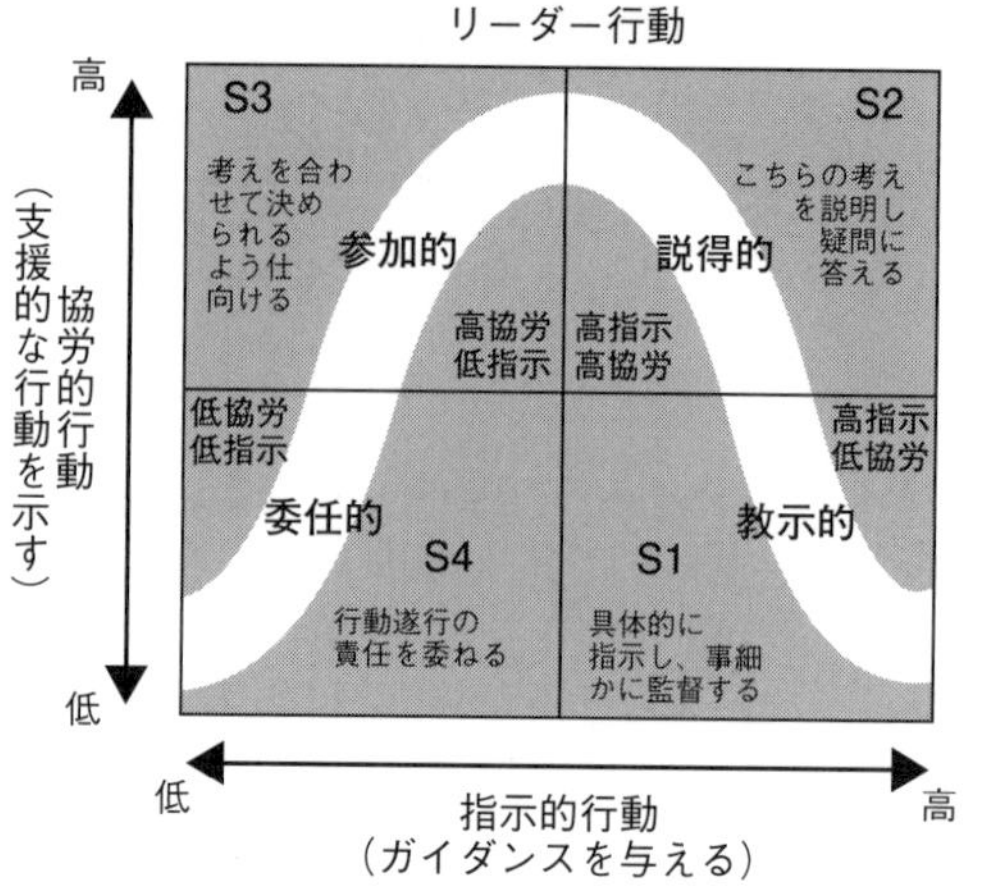

出典：P･ハーシィ、K･H･ブランチャード、D･E･ジョンソン著『行動科学の展開（新版）』（生産性出版）

させる機会を与えて対話を通じて業務を遂行させていく段階

・S3（レベル3）：部下の成熟度がさらに高まっている状態で、上司と部下は共に話し合い、なるべく部下が答えを導き出して取り組んでいけるように進めていく段階

・S4（レベル4）：部下が成熟している段階で、責任を持って仕事を任せることによって、部下が自発的に遂行する段階

この理論の通りにマネジメントをすることによって、「徐々に仕事ができていく実感を持たせる＝承認欲求を高める」とともに、最終的には「仕事を任せる＝考える量を高めていく」というアプローチができると考えられます。実際に人

間らしさを重視し、仕事を「任せる＝エンパワーメント」させることによって社員満足度を高め、業績を向上させている企業を紹介しましょう。

〈事例：アミナコレクション〉

「アミナコレクション」は、フォークロア（民俗文化）をテーマに衣料品や雑貨などのオリジナル商品の企画、製造、販売を手がけています。現在は、卸事業に加えてエスニック衣料・雑貨を販売する「チャイハネ」、ハワイアン雑貨・衣料品を扱う「Kahiko（カヒコ）」、和もの雑貨・衣料「倭物やカヤ」、「岩座（いわくら）」など六ブランドを持ち、全国に九〇以上の店舗を展開するなど成長を続けている会社です。同社はほかにないオリジナリティーあふれる商品と、圧倒的なアイテム数で幅広い年代の支持を集めており、新しいものを受け入れる柔軟さと原理原則にのっとった手堅い経営が、ライバルを寄せつけない高い参入障壁を築き上げています。

同社では「人間らしいあり方とは何か？」ということを創業時から追求してきた結果が、商品やマネジメントに大きな影響を与えています。代表の進藤さわと氏の言葉を借りると、「うちの商品は生活必需品ではないので、店舗に来た人にいかに楽しんでもらうかが大切なんです。だから、当社は人材の力が企業力になるのは間違いないのです。その肝はマネジャーがいかに自分の役割を理解して、仕事ができるかが重要なのです」と話されています。

店舗を全国に展開していることから、同社では「任せる」ことを重視しています。人間らしく働くためにも、店長に「任せる」ことがポジティブに機能しているのです。前述のSL理論では「S４」のレベルに達しています。そのため、顧客をいかに喜ばせるか、どのようなPOPが目を引くか、店舗内の動線はどうするべきかを各店長が考えて動くのです。特徴的なのは、同社のアイテム数が三万点にも及ぶため、店舗が「完璧に整理された状態」とはなり得ないということです。だからこそ、任された店長が優先順位を決めて取り組むことが求められるのです。任せ・任される関係性によって、店長からの改善や提案の声も大きく、活気ある組織が同社の強みです。実際にオフィスへうかがうと、会議室で活発な意見とともに笑顔がこぼれる、エネルギッシュな雰囲気が伝わってきます。

一方で、任せすぎると現場に主導権を取られ、あたかも自分で独立したかのように勘違いし、理念や方針が伝わらずバラバラな組織になってしまいます。そのため、トップとエリアマネジャー、各エリアの店長が定期的にミーティングをすることによって一定レベルの統率を図っているのです。その意味では、SL理論でいうところのS４からS３・S２周辺を状況に応じて使い分けることが重要であるといえます。外部環境を見ると、アパレル業界・エスニック業界は共に苦戦している状況ですが、同社は安定した業績を維持し、新たなブランド展開にもつながっています。まさに社員満足が顧客満足につながる事例であるといえます。

これまでステップ2で見てきた明豊ファシリティワークスも、ステップ4で見てきたアミナコレクションも、考え方の起源は理念をベースとしています。そのため、会社の理念と個人の方向性が合致したときに高い成果につながることは明らかです。つまり、顧客満足を追求することがMVV（存在意義、目指す姿、行動規範）の実現につながるように、日常的に指導をしていくことが必要です。ただ単に朝礼で理念を唱和するだけではなく、いかに日常行動に落とし込むかが浸透のカギとなります。

●2割：6割：2割の法則にどう対処すべきか

ここまで働きがいについて述べてきましたが、現実的には社員全員が一〇〇%仕事にやりがいや働きがいを感じられるとは限りません。どうしてもやる気を持てず、そればかりか、やる気のある人間の足を引っ張る人間が現れることもあり得ます。組織を語るときに「2割：6割：2割の法則」は外せません。これは、組織は必ず優秀な上位2割、普通の6割、そして下位2割に分かれしまうという法則です。優秀さの度合いだけでなく、会社への共感度や貢献度、やる気についても2割：6割：2割に分かれるといわれています。実際の現場では、必ずしも2割：6割：2割ときれいに分かれるわけではなく、1割：8割：1割であったり、3割：4割：3割であったり割合は微妙に変わりますが、どんな組織でも成果を上げられない層が一定数存在します。

前述の通り、下位の人たちが組織全体にもたらす打撃はことのほか大きく、単に働かないで組織にぶらさがっているだけではないのです。普通の6割の人、さらに上位2割の人と同じ職場にいることで、これらの人のやる気を大いに損なうことがあります。仕事のできる人はできない人に仕事の説明をする立場であることが多く、わかるまで何度も説明をします。下位の人たちはそれでも理解できなかったり、組織の意図していない動き方をして思わぬ事態を招くことがあります。そのとき、尻ぬぐいをさせられるのもまた上位2割の人か、普通の6割の人たちです。身を粉にして働いている上位2割の人は、ただでさえ忙しいのに、足をひっぱられているような気がしてしまいます。「どうしてあの人たちと一緒に働かなければならないのだろう」。働くことがバカバカしくなってしまうのです。

だからといって、「下位2割の人たちを放っておくべきではない」「すぐにクビにしろ!」といいたいのではありません。相手に合わせて適切に処遇する必要があるのです。下位2割の人たちは、大きく三つのパターンに分けられます。

1. 成果を上げるために、一生懸命やっているつもりだが成果が出ない

2. 〝この程度〟だと自分の限界を決めており、それ以上の高望みはしていない

3. あえてその程度のパフォーマンス・働き方でよいと、意図的に取り組んでいる

このなかで、改善できるのは「1」の場合のみです。この場合は教え方を変えるか、配置転換を行って管理者を変えることで劇的に変化することがあります。人間同士が管理職・非管理職である以上、うまくいく関係の上司・部下と、うまくいかない関係の上司・部下は存在します。そのため、同じ職務内において違うタイプのマネジャーに配置を変えると蘇《よみがえ》ることがあります。

ただし、この場合は「部下自身が正しくできていないことを自覚している」ことが前提となります。その自覚もなく、自分の正当性のみを主張することもあるので注意が必要です。その場合には「できていない」ということを正しく伝えるところから始めなければなりませんので、評価制度を通じて厳しく評価をし、自覚を促していきます。

また、「2」「3」に関しては無理に変えようとする必要はありません。さらなるレベルアップを求めたところで、互いの負荷になるだけです。したがって、与えられた業務が正しく進捗しているかどうか、管理することに注力します。ただし定期的に面談し、気持ちが動いてきた場合には、新たな仕事を与えることで活性化させていくことが求められます。

現在では、人材の多様化によってマネジャーも多様な役割に対応しなければならず、それら

を結ぶコミュニケーションがますます重要になっています。前述の通り、以前よりも企業と個人の距離は広がっており、個人と企業の関係が新たな局面を迎えている側面も見逃せません。特に、個人のマインドに関わる部分に多く関与していくことが重要になる時代なのです。

ステップ5 会社やビジネスモデルが変わり、ビジネスポジションが変わる

●一個つくるコストを下げるだけでは未来はない

これからの未来を見つめるにあたり、企業で働く人々の価値観の変化を「是」として、過去のビジネスモデルの変遷を確認してみます。

モノのない時代はモノをつくれば売れるため、製造業に世の中を動かすエンジンがありました（一九〇〇～五〇年代ごろ）。世の中が徐々に豊かになり、そのエンジンが流通業に移行します（一九六〇～九〇年代）。日本においてはバブル期を経験し、さらにエンジンは消費者側へと移行し、現在に至っているといえます（バブル崩壊以降）。その時代の変化に合わせ、企業はさ

図表2-16　代表的なビジネスモデルのイノベーション事例

年代	ビジネスモデル	主な内容	時代のエンジン
1900～10年代	垂直総合モデル	フォードが1910年代につくり出したモデル。自動車普及の鍵となった低価格化を可能にした「T型フォード」の増産のため、生産システム、販売システムをはじめ、原材料・部品（製鉄所・ガラス工場・ゴム工場）まで、できるだけ多くの機能を自社で内製化する。	作れば売れる製造業
	替え刃モデル	カミソリ本体ではなく使い捨ての替え刃で儲ける安全カミソリを開発したジレットが「収益の仕組み」を変えたビジネスモデル。本体を安く売り、その後の消耗品やサービスで長く大きく稼ぐモデルで、携帯電話/通話・データ通信料、レーザープリンター/インクトナー、カプセル式コーヒーなど多くの商品で採用されている。	売れる仕組みを持つ製造業
1950年代～	リーン生産方式モデル	「在庫は悪」という考え方と「人の能力を核にした生産・改善活動」が欧米製造業の常識を打ち破った、トヨタの生産システム(ジャスト・イン・タイム)が代表例。規模に頼らない生産性の向上を目指し、「極限まで在庫を減らせれば、自然と品質は上がり、コストは下がる」との信念で取り組み、トヨタを世界的な自動車メーカーへと導いた。	経済性を追求した製造業
1960～90年代	ドミナントモデル	ウォルマートが確立した特定地域に集中出店するモデル。多くの店舗を結ぶ独自の流通センターを築き、大・中都市立地が前提だったディスカウントストアのビジネスモデルを小都市でも成り立つものに変えた。 日本においても東海地方を地盤とするユニー、滋賀県を地盤とする平和堂、和歌山県と奈良県を地盤とするオークワがある。コンビニでは、セブン-イレブンが創業当初からこのドミナント戦略を採用している。	モノとヒトをつなぐ流通業
1980年代～	SPAモデル	GAPやベネトンがつくった「企画したものを大量発注して売り切る」モデル。多店舗展開により、単品当たりの発注量を増やし、アジア各国の工場と直接取引して大幅なコストダウンにつなげる。その後ZARAのように、新製品をどんどん投入して、消費者の本当の好みを探って合わせていくというモデルも生まれた。日本ではユニクロがこのモデルを採用しており、異業種ではニトリが採用している。	製販の仕組みを改革した流通業
2000～17年	ロングテールモデル	アマゾンの「リアル店舗では手に入らないマイナーな商品」が儲けの源泉になるモデル。ネット通販により、実店舗の数倍・数十倍の「品ぞろえ」を可能にした。	消費者直結型ビジネス

まざまなイノベーションを起こしてきました。それは、まさにビジネスモデルの変遷であり、特に米国のビジネスモデルを中心に説明すると理解しやすいでしょう。【図表2－16】は、代表的なビジネスモデルのイノベーション事例を時系列で掲示したものです。それぞれに世の中を動かしたエンジンを記載しています。

このようにビジネスモデルは変化を繰り返してきました。企業経営者や経営幹部は持続的成長のために、変化を受け入れ、変化を経営する必要があります。タナベ経営では、ビジネスモデルを「事業戦略×付加価値の創造」と表現します。ビジネスモデルの前に事業戦略があり、事業戦略のことを「誰に」「何を」「どのように」という要素で分解しています。ビジネスモデルはこの「誰に」「何を」「どのように」付加価値（顧客価値）をつけるかということになります。

さて、〝モノ〟余りの〝コト〟不足といわれる今日では、ますますビジネスがサービス化しています。満足度の高い〝コト〟ビジネスの実現には「ヒト」の活用、活躍が不可欠です。ただ留意すべきは、時間を自己管理できる働き方か、さまざまな軋轢《あつれき》やプレッシャーにより、コントロール不能になっていないか、といったことです。

コンサルティングの現場では、労使の関係が暗黙のうちに狼と羊の関係になっていたり、企業の利益が社員の犠牲（サービス残業など）の上に成り立っているといわざるを得ない事例があります。また、メディアでも過労死などの労働問題が数多く取り上げられています。不幸な事件を招いた長時間労働にフォーカスされることが多くなっていますが、これを是正するには生産性を磨くことが不可欠です。

国際比較で見ると、日本の時間当たり労働生産性は依然として低い水準にとどまっており、主要先進七カ国では一九七〇年以降、最下位の状況が続いています。そんななか、いかに競争力を保持し、生産性を追求していけばよいのでしょうか。生産性とは、「実労働時間」に対する「成果」の割合です。「生産性＝成果／実労働時間」で割り出せます。

もはや長時間労働による規格大量生産、すなわちモノを一個つくるコストを下げるだけの競争にしのぎを削る時代ではありません。社員と世の人々が幸せ・豊かになるために競争するビジネスへ踏み出していかなければ、企業の未来はありません。その「人を豊かにし、幸せにする」ビジネスの目指す未来は、三つのパターンが考えられます。次に、解説したいと思います。

●理想の未来は三種類しかない

人の幸せを志向すると、さまざまな新しい商品・サービス、そしてビジネスモデルが生まれてくると考えられます。具体的には、「ストックビジネス化」「高付加価値化」「超自動化」という三つの方向性に絞られていくと考えています。

前述したように、社員満足度が向上すると、顧客満足度が高まります。いくら商品・サービスそのものが優れていても、会社や職場に不満だらけで、会社の経営理念もよく理解していない社員から買いたいと思う顧客はいないでしょう。そもそも、そのような社員が品質の良い商品・サービスを提供できるはずがありません。会社・職場への満足度が高い社員は、必然的に顧客へ高い価値を提供するので、顧客は自社のファンとなって、新しい顧客を紹介してくれるようになります。顧客が新しい顧客を紹介する、またはSNSなどを通じて自社の良い評判が拡散されていき、継続客・固定客が蓄積（ストック）されていきます。

また、社員満足度が高い社員は、自らの仕事や会社の経営理念に誇りやこだわりを持っているため、商品・サービスの品質向上や新商品・新事業の開発など、自社の成長発展と経営理念の実現に向けてあくなき挑戦を続けます。必然的に、顧客に提供する付加価値も高まります。さらに、社員はモチベーションを高く持って働くため、いかにして無駄のない仕事ができるかを日々追求し、業務効率が上がって生産性も向上します。デジタルテクノロジーを中心とした先端技術の導入も進み、社内業務や価値提供活動が従来にないレベルで自動化されて、顧客への提供価値スピードは格段に上がっていくでしょう。

①ストックビジネス化

前述のビジネスモデルの変遷でも触れた「替え刃モデル」が、この「ストックビジネス」（継続的に収益を得られるビジネス）です。契約・会員を一定数獲得できれば、安定的に収益を得られる点が大きなメリットです。自然に顧客がストックされていくことが理想ですが、収益が安定するほどの契約・会員を獲得するまでには時間がかかります。その間の運転資金の確保が課題となります。そこで、早期にストック化できる仕組みも必要です。

フロービジネス（単品販売・単発受注で完結するビジネス）にもストックビジネスにも、それぞれメリットとデメリットがあり、どちらが自社に適しているかはビジネスモデルや業種にもよりますが、一方に頼らず、フローとストックの両方を兼ね備えたビジネスを考案できれば、両者の良いところをとったビジネスができる可能性を秘めています。

例えば、遊休地を一時的に駐車場として貸し出すビジネスが増えています。月ぎめで駐車場を貸しながら、未契約の余剰スペースを一日単位で貸し出しができるビジネスもあります。一時的な貸し出しはフロービジネス、月ぎめでの貸し出しはストックビジネスですので、まさにフローとストックを融合させたビジネスといえます。

②高付加価値化

これは、社員にやりがいや誇りを持たせたり、働きやすい職場環境を整備したりなどして、商品・サービスの高付加価値化につなげるものです。具体的には、経営トップによる強い旗振り、経営理念の全社発信と浸透、残業時間の削減や有給休暇の取得促進といった「働き方改革」、職場コミュニケーションの改善、社員教育制度の充実などが挙げられます。

例えば、自動車部品や金型を製造する中小メーカーA社は、地元の大手二輪車メーカーの下請けとして金属パイプ部品を供給していましたが、大手の海外生産移転の影響を受け、売上げが大幅に減少しました。そこで同社は全社一丸となって、ベテランの経験や知識と若手のチャレンジ精神の融合を図り、柔軟な発想で顧客の問題解決に取り組んだ結果、世界初のプレス金型による極小曲げ工法の開発に成功しました。それによって、従来は鍛造や溶接など五部品で作っていたエンジン部品を成形加工で二部品に削減し、コストを五〇％削減、かつ三〇％の軽量化を達成するなど、画期的な高付加価値製品を開発しました。その加工のアイデアと技術力が認められ、同社は大手自動車メーカーとの直接取引が始まり、一人当たり売上高が一六七〇万円から二二五〇万円へと大きく伸びました。

同社は、多関節ロボットを活用した生産ラインにより段取り時間を数時間から二〇～三〇分まで短縮。また、標準化の推進により工程を簡単にすることで作業時間を大幅に削減し、社員研修に割く時間を確保しています。その研修によって、さらなる改善やライン効率化が実施されるほか、発注元も考えつかないような解決策を提供するなどの好循環が生まれているそうです（参照：厚生労働省「『働きやすく生産性の高い企業・職場表彰』事例集」、二〇一六年度）。

③超自動化

ＩＣＴ（情報通信技術）やＡＩ、ＩｏＴなどデジタルテクノロジーを活用して超自動化を図り、業務効率の飛躍的向上や、顧客価値提供スピードの高速化を実現するものです。

例えば、神奈川県のある老舗温泉旅館では、従来から紙台帳や紙伝票に手書きしていた業務を見直し、タブレットやスマートフォン、パソコンなどで予約・経理・顧客を管理するＩＴシステムを自ら開発、導入しました。これによって客単価が上がり、導入三年間で売上高が三五％もアップしました。それに伴い平均賃金のアップを実現したほか、週休二日制や有給休暇完全消化の実施など「働き方改革」が進み、離職率が三三％から四％へと大幅に低下したそうです。

また山形県のある射出成形用金型メーカーは、ベテラン職人の勘に頼っていた匠の技を、センサーによってデータ化・見える化することに成功。若い社員への技能継承で効果を上げています。さらに、ＡＩを活用した情報基盤システムを整備し、工場長のみが保持していた見積もり作成の知見や、特有の思考回路の見える化・システム化も行っています。現在、同社は部品試作時に取得・分析したデータを出荷時に提供することで、不具合発生前の予防保全や故障時の早期発見に役立てるサービスを展開し始めたそうです（以上二社の参照文献：経済産業省「中小企業・小規模事業者の生産性向上について」、二〇一七年一〇月）。

いずれにせよ、日本企業は今後、ＡＩやＩｏＴ、ロボットなどにより超自動化が進展していくなかで、モノとヒトの新たな関係をつくり出す必要があるでしょう。誰もが幸せになる「理想の未来」に存在する会社となるには、「ストックビジネス化」「高付加価値化」「超自動化」といったビジネスモデルを追求し、シフトしていくことが求められます。そのなかで、安定収益、高生産性の実現による社員一人ひとりへの還元、そして豊かでモチベーションの高いモラールへと循環していくものと確信しています。

第3章

社員が集まる会社をつくる

（山村隆／松本宗家）

どのような未来を目指すのか

この章では、どのようにして「社員が集まる会社」を実現できるかについて、主に組織という切り口から述べていきたいと思います。

今日の企業は、デジタルテクノロジーの進展などにより、業種・業界・職種などの境界がなくなりつつあります。しかも、その動きは速く、グローバルに広がっています。この傾向は今後さらに進むでしょう。もちろん、企業にとって仕事と働き手の重要性は変わりませんが、関係性や働き方が変わっていきます。通常のフルタイム雇用ではない契約形態が増え、それによって企業のあり方そのものが多様化し、仕事は新しい方法で組織化され、設計され、遂行されることになります。

では、これから企業経営者やリーダーはどのように対応していけばよいのでしょうか。

●一人ひとりが輝く二〇三五年における働き方

厚生労働省が二〇一六年八月、技術革新による経済・社会の変化を踏まえたうえで、二〇三五年の働き方を予測した報告書（「働き方の未来2035」）を取りまとめました。厚労省では、【図表3－1】のような技術革新の進展を背景に、次に挙げる九つの働き方が二〇三五年に訪れると予測しています。

①時間や空間にしばられない働き方に

働く場所・働く時間に関する物理的な制約がなくなり、多くの仕事が、いつでも、どこでも、できるようになる。工場のように現場に人がいなければならない作業の大半は、ロボットがこなすようになっている。個人が自分の意思で働く場所と時間を選べる時代となり、働いた「時間」だけで報酬を決めるのではない、成果による評価が一段と重要になる。その結果、不必要な長時間労働はなくなる。

②より充実感がもてる働き方に

「働く」という活動が、単にお金を得るためではなく、社会貢献や周りの人との助け合い、地域共生、自己充実感など多様な目的をもって行動することも包摂する社会になっている。共に支え合い、それぞれが自分の得意なことを発揮し、活き活きとした活動ができる、どんな人でも活躍の場がある社会をつくっていくことになる。自立した個人が自律的に多様なスタイルで

図表3-1　厚生労働省による技術革新の予測（2035年）

処理速度 通信技術	モバイル通信速度は2020年に5G規格で10Gbps以上になり、2035年には100Gbpsを上回ると予想。世界のほとんどの人々が高速なモバイル通信に接続される。
センサー	1兆個規模の大量のセンサーをコネクティッドデバイスとして活用する社会が到来する。脳波や匂いなどの生体センサーも医療や他の分野でイノベーションをもたらす。
VR（仮想現実） AR（拡張現実） MR（複合現実）	VR・ARはコンパクトな使いやすい形状に進化する。MRは会議のあり方を大きく変え、遠隔地の同僚が同じ会議室にいるようになり、リアルなコミュニケーションと区別がつかなくなる。
移動技術	自動運転や最適誘導で渋滞が減り、移動や物流の生産性は飛躍的に向上する。リニアは主要都市間の移動時間を短縮し、住まいや働く場の選択肢を広げる。
AI（人工知能）	定型的で専門知識を要する業務が代替され、大域的判断が必要な仕事や例外事項への対応（監督業務）は人間が行う。労働形態が大きく変わり、人間にしかできない新タイプの仕事が出現する。

出典:厚生労働省「働き方の未来2035～一人ひとりが輝くために～」報告書（2016年8月2日）より抜粋

働くことが求められ、「働く」ことの定義、意義が大きく変わる。

③自由な働き方の増加が企業組織も変える

自立した自由な働き方が増えることで、企業もそうした働き方を緩やかに包摂する柔軟な組織体になることが求められる。企業はミッションや目的が明確なプロジェクトの塊となり、多くの人は、プロジェクト期間内はその企業に所属するが、プロジェクトが終了するとともに別の企業に所属するなど、人が事業内容の変化に合わせて柔軟に企業の内外を移動する形になっていく。「正社員」と「非正規社員」の区分は意味を持たなくなる。

④働く人が働くスタイルを選択する

プロジェクト型の組織になるにつれ、働く側も自分の希望とニーズに応じて、自分が働くプロジェクトを選択することになる。企業側は自分のプロジェクトに最適な人を引きつけるべく努力をする必要性が生じる。また、働き方の選択が自由になることで、複数の会社の複数のプロジェクトに同時に従事するケースも多くなる。個人事業主と従業員の境があいまいになり、組織に所属する意味が変わり、複数の組織に多層的に所属することも出てくる。

⑤働く人と企業の関係

兼業や副業、複業が当たり前のこととなる。多くの人が複数の仕事をこなし、それによって収入を形成することになる。一つの会社に頼りきる必要もなくなるため、働く側の交渉力を高め、不当な働き方や報酬を押しつけられる可能性を減らすことができる。人は、一つの企業に「就社」する意識が希薄になり、どのような専門的能力を身につけたかにより、どのような職業に就くかが決まるという、文字通りの「就職」が実現する。

⑥働き方の変化がコミュニティのあり方を変える

働く人の企業への帰属意識が薄れ、企業は家族のような疑似コミュニティとして機能することは難しくなっていく。これまでに企業が担ってきたその役割を代替するコミュニティが生まれてくる。同じ企業で働いている帰属意識より、同じ職種や専門領域で働いている共通意識の方ほうより強くなり、SNSなどのバーチャルな疑似コミュニティをつくっていくことになる。

⑦世界と直接つながる地方の新しい姿

ICTの進展で働く場所の制約がなくなると、地方でも都市に住むのと同じようにクリエイティブな仕事ができるようになる。スキルを活かして、子育て、仕事、介護、趣味などのバランスを取りながら、地域に根差した豊かな人生を送ることも可能になる。また、地方の中核都市や小さな町や村が直接海外とつながり、地方の価値を海外に提供していく時代、つまり、ローカルからグローバルにつながるグローカルの時代になっていく。

⑧介護や子育てが制約にならない社会

働く人が大幅に減少していることから、人手不足が一段と深刻になる。AIなど科学技術の発達による自動化・ロボット化により、介護や子育て、家事などの負担から働く人が解放されていることが期待される。介護や育児、家事などアウトソーシングを可能にする多様なサービス・ビジネスが広がり、介護や育児が働くことの制約にならない社会になっていく。また介護や育児をしたい働く人が、仕事を休むことが容易になっていく。

⑨性別、人種、国籍、年齢、LGBT※、障がい、すべての「壁」を超える

性別や人種の壁、国境などの制約が急速に消滅する。AIの発達で多言語間のコミュニケーションのハードルが低くなり、仕事やサービスが簡単に国境を越える。VR（バーチャルリアリティー：仮想現実）技術であたかも隣でサービスをしているように感じられても、実際にはその人は地球の裏側にいて母語がまったく異なる人の可能性もある。定型的なオペレーター業務や事務処理業務はすでに国境を越えているが、二〇三五年には格段に多くの仕事でそれが普通のことになる。

※レズビアン（女性同性愛者）、ゲイ（男性同性愛者）、バイセクシャル（両性愛者）、トランスジェンダー（性同一障害）など性的少数者の総称。

もちろん、この予測通りになるとは限りませんし、これらの潮流が、すべての企業に同じように影響を及ぼすわけでもありません。しかしいずれにせよ、企業経営者やリーダーは、この潮流に遅れずついていくために、戦略、組織、人材へのアプローチをどう変えるべきかを認識する必要があります。

図表3-2　2025年までに、働き方は4つに分かれる

仕事の民主化 ＼ テクノロジーによる強化	低	高
高	**進化型** 労働形態　プラットフォーム、プロジェクト、単発契約、フリーランス、コンテスト、請負契約、期間契約 テクノロジーの活用　従来と同じ	**ウーバー的進化型** 労働形態　プラットフォーム、プロジェクト、単発契約、フリーランス、コンテスト、請負契約、期間契約 テクノロジーの活用　クラウド、オンデマンドでの人工知能、超高度なパーソナライゼーション技術およびパーソナル機器などの新技術によって仕事が遂行される
低	**従来型** 労働形態　フルタイム雇用（業務委託契約、パートタイム、フレックス勤務などのオプションを含む） テクノロジーの活用　従来と同じ	**従来型だが高度化** 労働形態　フルタイム雇用（業務委託契約、パートタイム、フレックス勤務などのオプションを含む） テクノロジーの活用　クラウド、オンデマンドでの人工知能、超高度なパーソナライゼーション技術およびパーソナル機器などの新技術によって仕事が遂行される

出典：ダイヤモンド社『ハーバード・ビジネス・レビュー』ホームページ、「2025年までに、働き方は4つに分かれる」（2016年5月30日）

●未来の経営のポジション

厚労省の予測は二〇三五年ですが、ジョン・ブードロー氏（南カリフォルニア大学マーシャル・スクール・オブ・ビジネス教授）によると、人々の働き方は二〇二五年までに「仕事の民主化」と「テクノロジーによる強化」によって四つのカテゴリーに分かれると述べています（ダイヤモンド社『ハーバード・ビジネス・レビュー』ホームページ「2025年までに、働き方は4つに分かれる」二〇一六年五月三〇日）。

それを図式化したものが【図表3－2】です。縦軸の「仕事の民主化」は、働き方が上意下達式のような縦型（低）か、外部の人材やネットワークとの協働といった横断型（高）かを表し、横軸の「テクノロジーによる強化」はICTなどの活用度合いを表します。四つの領域ではそれぞれ、戦略、人材、働き方へのアプローチが異なります。

①従来型（民主化：低い × テクノロジー強化：低い）

労働形態はフルタイム雇用、テクノロジーの活用は従来のまま。特定の時間・場所で業務を行う必要がある仕事です。例えば、保育園の保育士や病院の看護師といった仕事です。

②従来型だが高度化（民主化：低い × テクノロジー強化：高い）

労働形態は従来と変わりませんが（フルタイム雇用）、クラウドやＡＩなど新技術を活用して行われる仕事です。例えばＩＣＴを活用した在宅勤務などが挙げられます。

③進化型（民主化：高い × テクノロジー強化：低い）

テクノロジーの活用度は従来とさほど変わりませんが、労働形態が多様化した仕事です（プラットフォーム、プロジェクト、単発契約、フリーランス、期間契約など）。

④ウーバー的進化型（民主化：高い × テクノロジー強化：高い）

労働形態・テクノロジーの活用ともに高い領域の仕事です。プロジェクトやフリーランスが、クラウドやＡＩなどを活用して仕事を遂行します。このウーバーとは、ウーバー・テクノロジーズが運営する配車アプリ名です。〝ウーバー的〟とわざわざつけているのは、必要なときに必要な車両（人材）を必要な場所へ届けるという意味があるのでしょう。

このマップを、自社に当てはめてみてください。どの領域への移行を目指すべきでしょうか。例えば、製造業なら「従来型」、流通業は「従来型だが高度化」が最適かもしれません。専門職スタッフとソフトウエア開発は「進化型」、そして高度の創造性と発明力を伴う仕事は「ウーバー的進化型」がよいかもしれません。

●ＶＵＣＡ時代に対応する組織とは？――経営者的マネジャー

前述した通り、現在はＶＵＣＡ（明日、何が起こるかわからない、どうなるか予測できない）時代だといえます。では、変化し続けるマーケットに対応するにはどうすればよいかというと、変化し続けるしかありません。そこで提案したいのが、私たちが経営者的マネジャーと呼んでいる組織運営方法です。マネジャーとは、チームやグループの長を指し、ハブとなる人のことを表しています。なぜこのマネジャーを中心にするのかというと、理由はスピードと弾力性（変化への対応力）にあります。

まず、スピードについて。これまでのような組織形態だと、例えばある案件を決めるにも、いちいちトップにおうかがいを立てていると、トップへ情報が届き、意思決定が下されるまでに、市場環境が変わってしまいます（稟議書の回議者が一七人もいる企業もありました）。であるならば、権限を委譲しその場で判断するか、意思決定スピードを圧倒的に速めるか、あるいはその両方を行うしかないのです。例えば金融機関の場合、一定規模の融資決定権限を現場に与え、融資基準を統計とＩＴによってシステム化して瞬時に判断できるように支援することなどが挙げられます。

次に、弾力性について。現在の市場環境は、どれだけ顧客の声をダイレクトに集めることができるかが勝負のカギともいえます。つまり、マーケティングやセールスなど、顧客とのインターフェースにいる人材こそが次のビジネスのタネを持っているのです。そこで嗅ぎ取ったにおいを、すぐ組織へ反映して常に会社を革新していく必要があります。賃貸不動産業界のように、四月に大量の引っ越し需要があるなど、一年の動きがある程度決まっていればよいのですが、そうでないなら、顧客や市場が変化している以上、その瞬間にフィットさせていくしかありません。例えば製造業において、「商品数が少なく、置いてある店舗もわかりづらく、顧客が

図表3-3　タナベ経営の組織運営

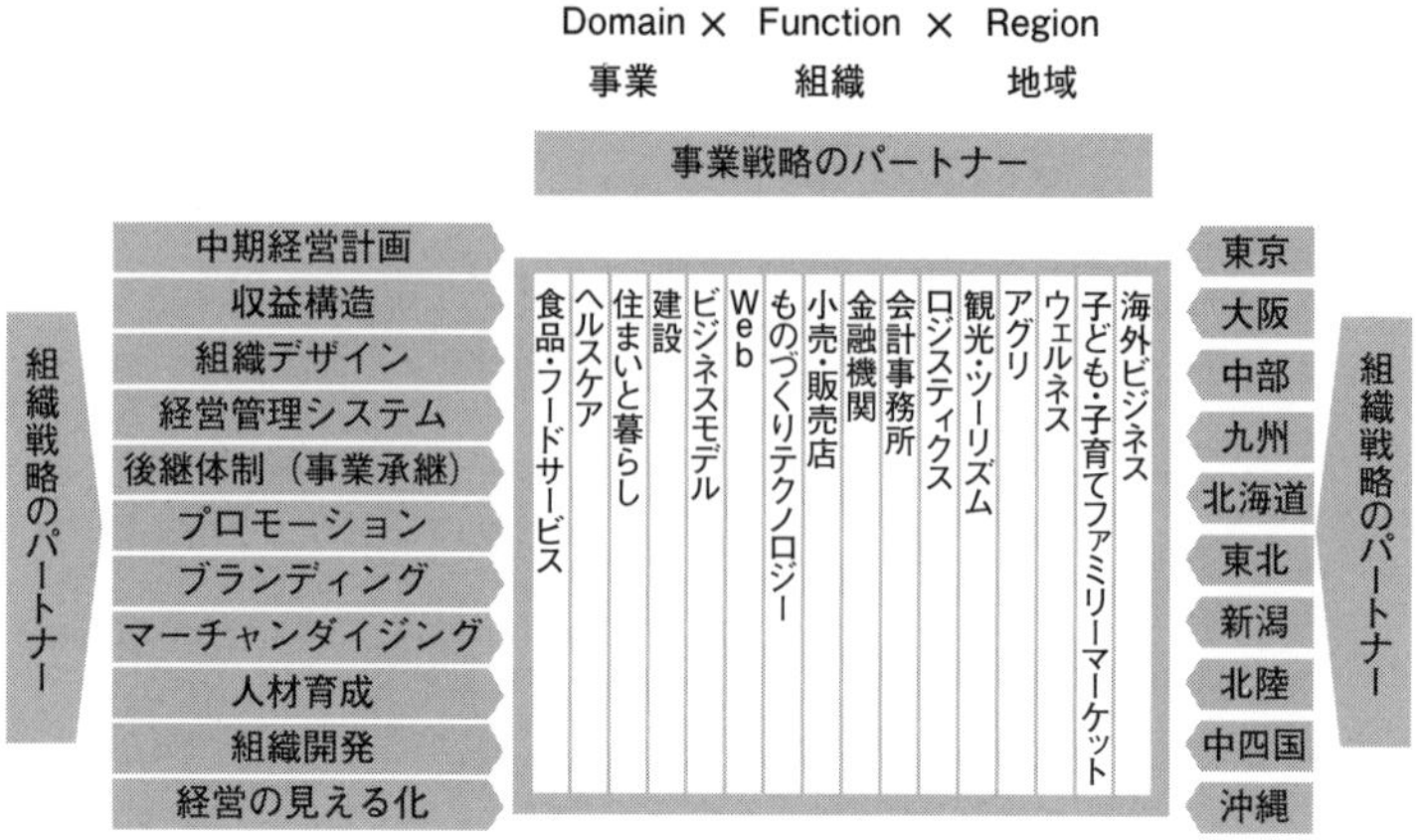

選べない」という問題があった場合、販売戦略を即変更し、小売店を厳選したり直営店を出店したりするように、体制も柔軟に変わるべきなのです。これができなければ、チャネルと一緒に埋没してしまいます。

では、具体的にどのような体制（組織）を目指すかというと、各事業の業務ごとに一定の責任者を置き、その責任者が役員や経営意思決定に携わる会議と緊密に連携できるようにすることです。

とはいえ、日本の組織はピラミッド型のヒエラルキー構造が適している部分もあります。そこで、現在の人事フレーム（等級や役職の設計）を活かしながら、「役割」「職務」という切り口を入れてハイブリッド型で運営していくと、現場にフィットすることが多いようです。

実際、タナベ経営もそのような組織運営を行っています。組織階層を持っており、各マネジャーが収益責任を負っていますが、ドメイン（事業＝ウェブや建設などの産業分野・事業区分）・ファンクション（機能＝経営計画策定・人事・ブランディングなどの経営機能）でも【図表3－3】のようにいくつもの組織を持っており、それぞれの責任者も兼任しています。そのため、例えば建設業界の最新事例を知りたいと思えば、部門を飛び越えてそこのトップに相談することもできますし、仮にクライアントの要望が「建設業界での圧倒的なポジションの獲得」であれば、建設業界の専門家、ブランディング・マーケティングの専門家などをチーム編成してクライアントにコンサルティングを行っています。各ドメインやファンクションのマネジャーは、常に業界の最前線にいますので、何かあればすぐサービスの内容や体制を見直すことが可能です。

このようにスピードと弾力性という観点から組織改編を行うと同時に、複雑化・大量化するコミュニケーションの改善も行いたいところです。つまり、マネジャーは何人までマネジメントできるかということです。

人が増えれば増えるほど、またトップと現場との階層が増えるほど、スピードについていけなくなり、多くのセクションがポジショントークを始めてしまい、弾力性が失われていきます。【図表3－4】をご覧いただくとわかる通り、二人の場合のコミュニケーションラインは一本

図表3-4　コミュニケーションライン

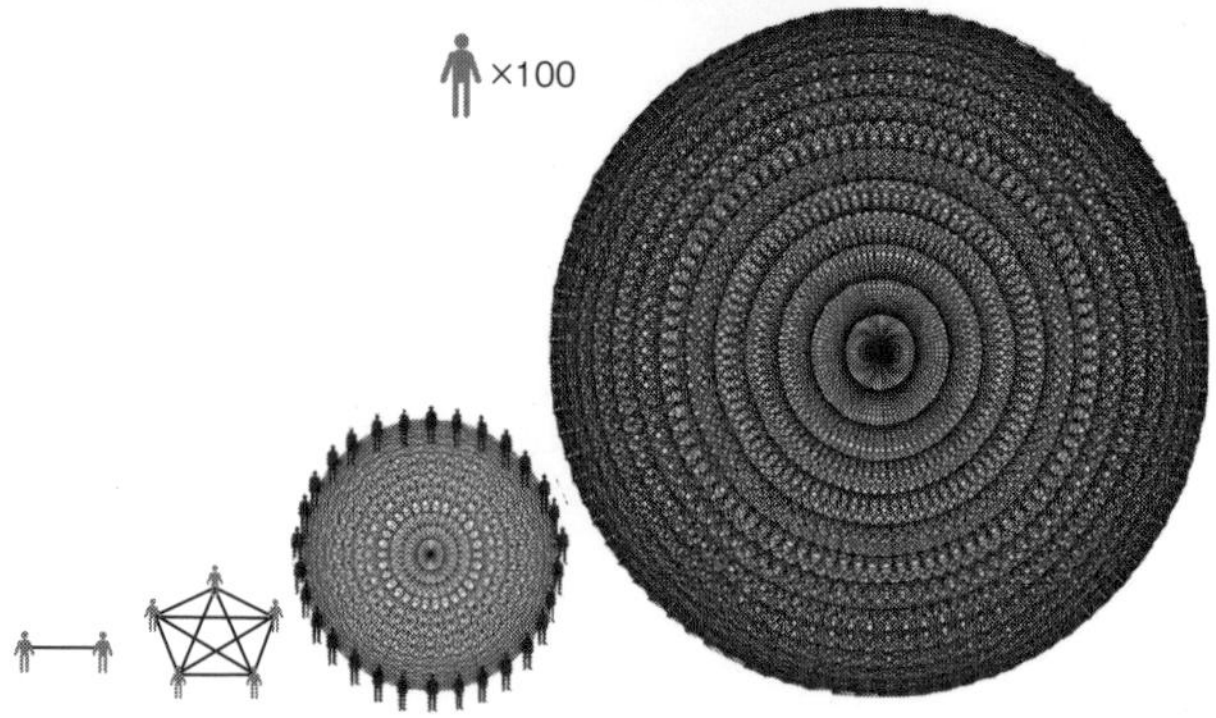

人数	2人	5人	30人	100人
コミュニケーションライン数	1本	10本	435本	4950本
負荷度（20本=100%）	5%	50%	2175%	24750%

ですが、三〇人になると四三五本、一〇〇人だと四九五〇本にもなります。もちろん、全員が全員とコミュニケーションをとることはありませんが、人が増えると指数関数的に増加することがわかります。

スパン・オブ・コントロール（一人のマネジャーの管理限界人数）は、一般的に五～七人程度といわれます。多くの会社でコンサルティングをさせていただいた経験からも、文字通り「掌握」レベルの片手で数えられる人数が限界であるケースがほとんどです。

そこで、少人数のチームを大量につくり、それらを階層が広がりすぎないようにつなげていくのです（人数は原則であり、単純業務や同一業務でしたら、現場のマネジャーを束ねる上位のマネジャーは、五人といわずそれより多くを見るこ

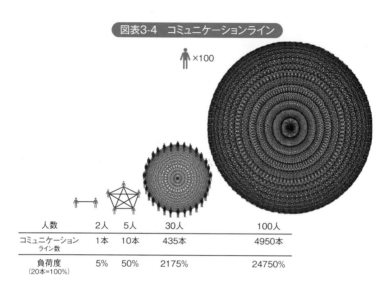

図表3-5　マネジャーを中心としたマネジメント

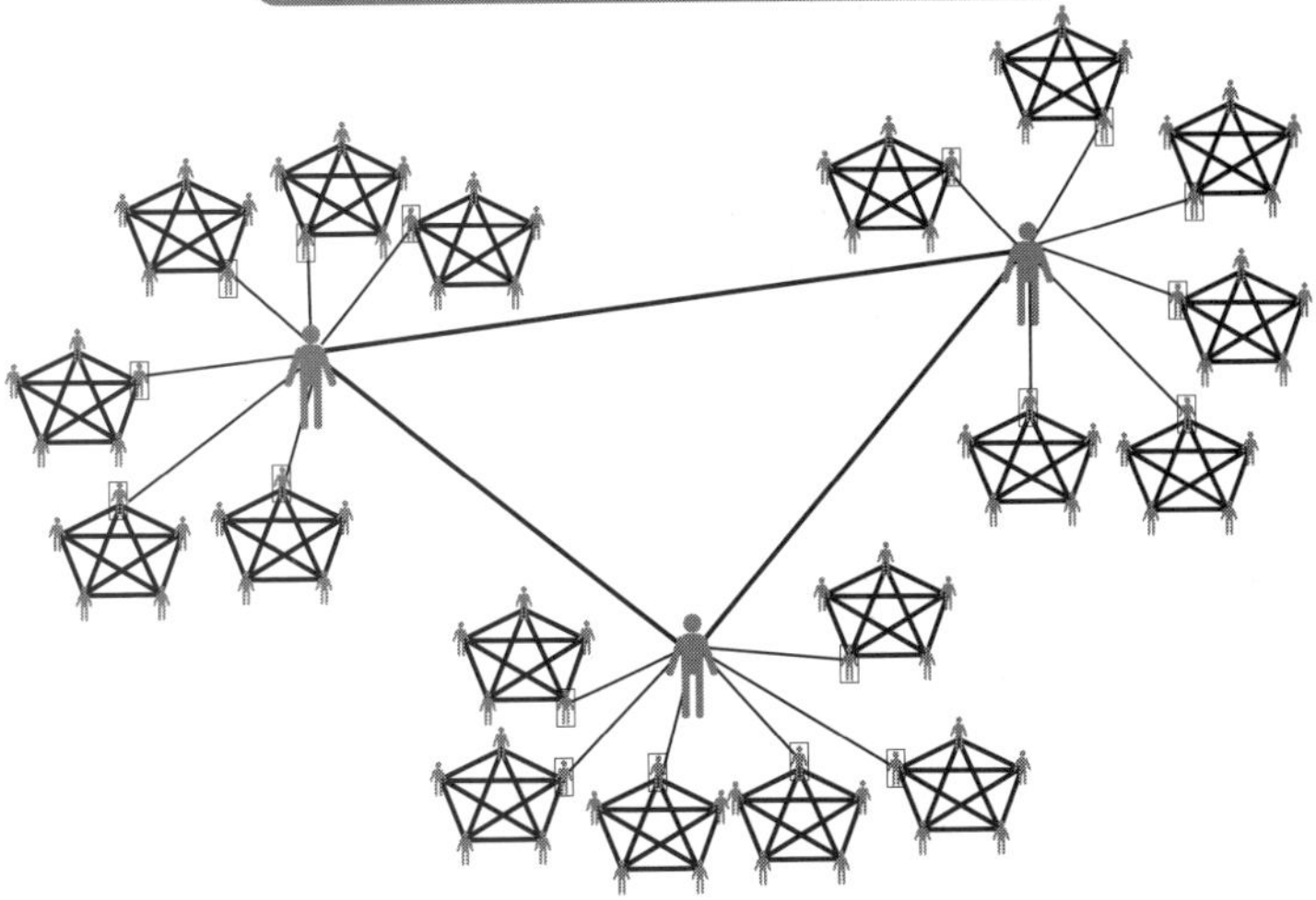

とができます【図表3－5】）。このマネジャーを中心にしていくという考え方は、これから、より求められていくと思います。

最近、よく聞くようになった「ホラクラシー（holacracy）」という組織形態も、これと非常によく似た組織形態です。米国の起業家ブライアン・ロバートソン氏が提唱した概念で、一つひとつ上司におうかがいを立てるようなピラミッド型＝ヒエラルキー組織ではなく、すぐ仕事の一線で判断して進められる組織が望ましいという考えです（【図表3－6】）。小さなチーム（サークルと呼ばれる）がいくつも組織内に浮遊しているイメージを思い浮かべてください。〝浮遊〟と表現するのは、役割ごとにサークルが存在し、仕事が絶えず増えたり減ったり、関連する仕事も加わったり、ほかのサークルと分け合ったり

図表3-6　ヒエラルキー型とホラクラシー型

ヒエラルキー型

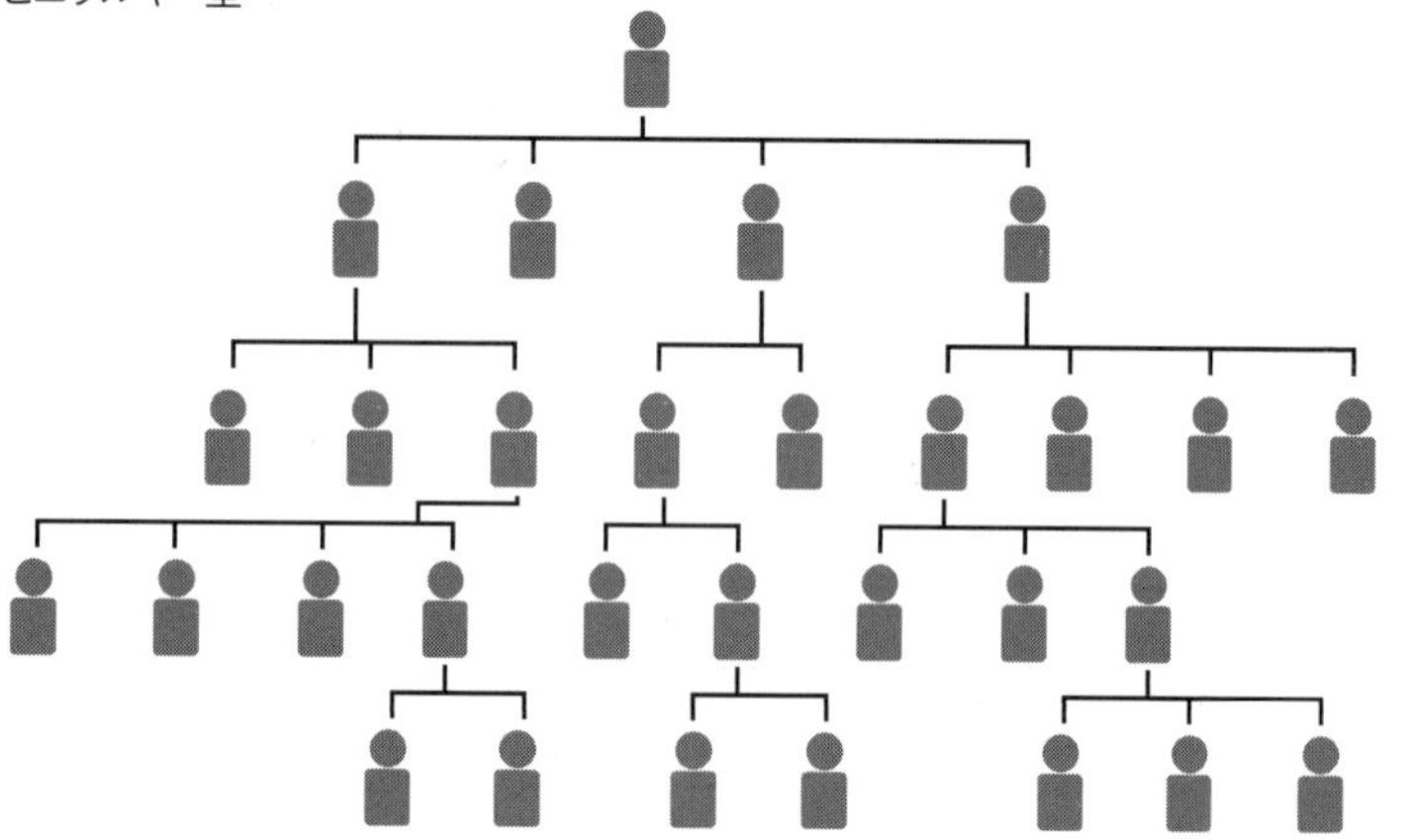

ホラクラシー型

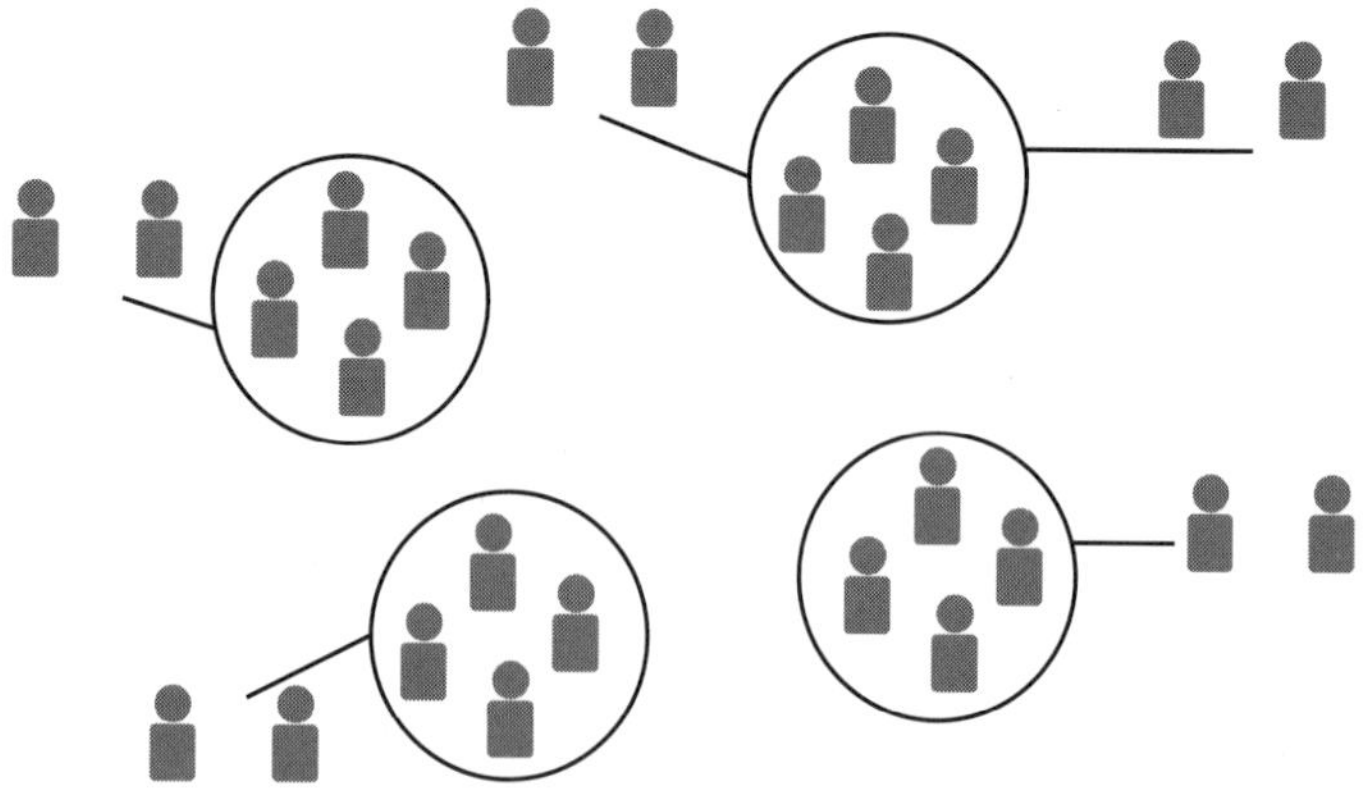

と、サークルの役割や位置づけが常に変化しているからです。

おそらく、社外の活用も含め、このホラクラシーという形に近づいていくのではないかと思います。

この潮流は、財務の分野でも起こっています。残念ながら、CHRO（最高人事責任者）よりもCFO（最高財務責任者）を重要だと思っている経営者が多いように、領域として人事よりも財務のほうが先に進んでいることが一般的です。つまり、財務領域で起こったことは、その後人事領域でも起こります。

税務会計が税金の計算をする目的でつくられているため、事業運営に資する管理会計が必要になり、各社オリジナルのものが活用されているように、組織や評価を一年に一度替えるのも、ただ会計年度が一年だからにすぎません。

●企業文化を明文化する――制度の〝不〟は、企業文化でしか解決できない

転職経験者はよくご存じかと思いますが、企業文化や風土は会社によってまったく異なります。文化とは仕組み（例えばアプリケーション）、風土とは環境（例えばOS）を表すことが多いのですが、ここでは「その企業らしさ」と定義させてください。

これまで理念を明文化・再定義し、事業戦略やマネジメントシステムを回していく重要性を

お伝えしてきましたが、これらには大きな欠点もあります。それは「隙間」があることです。具体的には「制度の隙間」と「心の隙間」の二つです。

例えば人事制度をどれだけ精密に構築したとしても、残念なことに「今年は売上目標を達成したから、この案件は来年に報告しよう」「どうせ上司は見てくれないからやっても無駄だ」といった声がよく聞かれます。期末に売上げが集中する人であれば、期の初めはやる気が出ないでしょうし、営業パーソンなら自分に割り当てられた顧客やエリアによって、不公平感が出るのは明らかです。私（山村）のクライアントでも、オフィス街で戸建て住宅がほとんどない東京・丸の内エリアを担当する営業パーソンに、戸建て住宅に設置する機器販売の目標が課されていたこともありました。しかし、この不公平感をなくすのはどこまでいっても不可能です。ある程度の社内調整でも解決できますが、それ以上に重要なのが、「企業文化」です。

自分の評価を上げる最も簡単な方法は、「目標を下げる」ことです。しかし「そんなダサいことをしたら、カッコ悪いよ」という企業文化であれば、皆が挑戦する会社になるはずです。一時期の不公平や不平等が生じてしまったとしても、挑戦した人をしっかりと評価して引き上げる文化があれば、頑張ろうと思えるはずです。そして何より、多様な人材を採用・育成して、定着・活躍するための制度が一つしかないのは無理がありますので、制度が肥大しすぎないようにハード以外の部分、つまり文化によって、この隙間をケアする必要があるのです。

私は、この「企業文化」を、カルチャー・スタンダードとして明文化することを推奨しています。この明文化のためだけにコンサルティングをご依頼いただくケースがあるほどです（クレドなどもその一種でしょう）。

通常、組織文化には不文律となっている物事が多いのですが、それをあえて明文化することで、各種の制度だけでは対処しきれない問題を解決するのに役立てることができます。文化には隙間を埋めて、制度の〝不〟を解決する力があるためです。

面白いことに、つくりたい／つくった文化の記述に引き寄せられるように、企業文化が醸成されていきます。何事も一足飛びにはいかないので、「Fake it till you make it（うまくいくまで、そうなったかのようにふるまう）」の精神でとにかく浸透させていくことが肝要です。

具体的な推進フェーズで有用なポイントは、行動心理学で用いられるＡＢＣ分析です。先行条件（Antecedent）・行動（Behavior）・結果（Consequence）のつながりを行動随伴性といい、それぞれの単語の頭文字から、これを分析することをＡＢＣ分析といいます。

行動随伴性を単純にいうと、ある条件のもとに行動し、良いことが起こるとその行動が増え、悪いことが起こるとその行動が減るという理論です。これは、企業内の行動でも同じことで、この繰り返しがそのまま単純に企業文化につながるといってもいいほどです。

行動随伴性は、次の四つがあります。

正の強化：望む結果を得たことで――良い行動が増えること
正の弱化：望まない結果を得たことで――良い行動が減ること
負の強化：望まない結果を避けたことで――悪い行動が増えること
負の弱化：望まない結果を得たことで――悪い結果が減ること

つまり、こうなるわけです。

四つの行動パターン（行動随伴性）の例
①正の強化：良い行動Aをした↓上司に褒めてもらった↓良い行動Aが増える
②正の弱化：良い行動Aをした↓上司に褒められなかった↓良い行動Aが減る
③負の強化：悪い行動Bをした↓上司は気づかず楽をすることを覚えた↓悪い行動Bが増える
④負の弱化：悪い行動Bをした↓上司に気づかれ叱られた↓悪い行動Bが減る

これを繰り返していくうちに、文化として定着していきますので、当然、どのような企業文化をつくりたいかによって、どのようにふるまうべきかが決定されます。自社に落とし込んでみてください。

●オープンにする

オープンであること（同時に誠実であること）も非常に重要なポイントです。会社のウェブサイトだけでなく、社員個々人のSNS、会社に対するクチコミサイト、商品やサービスに対する評判など、もはや自分たちで情報や印象をコントロールすることは不可能ともいえる時代です。つまり、取り繕ってもバレてしまうため、何事もオープンかつ誠実に行うしかないのです。逆にいえばオープンにすることで、人や顧客を引き寄せる効果もあります。

社員の幸せを考え、給与に対する考え方をガラリと変えた事例があります。広島市に本部を置き、広島県内を中心に全国で約一三〇店を展開している「メガネ21（トゥーワン）」です。ここでは社員全員の給料をすべてオープンにしています（なんと、社長の給料までも！）。

イントラネット（企業内のプライベートネット環境）を見れば、誰の給与がいくらかが一覧にされており、その理由も公開されています。異論があれば訴え出ることもできます。さすがにここまでオープンにした会社は例がありませんでしたので、問題がなかったのか同社に聞いてみました。すると、オープンであることで、変な評価や給料は誰かが気づいて是正してくれ、見えざる手のように結果としてあるべきところに落ち着くのだそうです。

また、イントラネットの活用で、管理職はいません。例えば社員がわからないこと、仕事上の悩みがあれば、社内ネットで質問を投げかければよいからです。知識や経験のある社員から返答があり、解決することができます。

いわゆる管理者は存在せず、店舗には店長もいません。責任者という役割があるだけです。その責任者についても「現場の情報を伝える最適任者」という位置づけとして「役割化」されています。社内に不備な点、社員に不満があれば、責任者はどんどんネット上にあげていき、経営幹部はそれによって社内の改善を図り、より社員にとって働きやすい環境をつくっていく、というわけです（まさに、経営者的マネジャーです）。

もちろん、ここまでに至る道は平坦ではなかったと思います。初めから社員が幸せに感じていたわけではないとも思います。不満が出てくれば、それをなくすように一つひとつ対策を練り、人間関係に悩めば配置転換を申し出ることができるようにするなど、オープンにすることで改善してきたのです。

ワークフォースプランニングとタレントマネジメント

「今年は利益が出なかったから、来年度の採用は控えよう」「予定通り人員を採れたのはいいが、離職者が続出している」。このようなご相談も多くいただきます。

そこで意識したいのが、ワークフォースプランニング（人員計画、要員計画）です。どのような会社にも、ミッション、ビジョンを達成するための経営戦略があるはずです。そして、その経営戦略を実現するための人員計画こそがワークフォースプランニングです。

例えば、ＳＩｅｒ（システムインテグレーター）であれば、今後の事業戦略に合わせ、ＩｏＴやＡＩの分野でどの程度の力量を持った人が何人必要なのか、どうすれば個々人の能力を最大化できるのかなどを計画・実行して経営目標達成に寄与することが、このワークフォースプランニングです。ＣＨＲＯは、自社の将来計画の目いっぱいまでプランニングし、経営戦略に沿った人事戦略の一環としてこれをコントロールしていくことがミッションとなります。

あえて強引にいえば、人員の基本的な考え方は、適材適所ではなく〝適所適材〟です。もちろん、どれだけ育成やスキル転換ができるかにもよりますが、「適所」がなければ育成する目標はありませんし、育成できるからこそ適所に当てはまります。

タレントマネジメントとは、自社の抱える人材や能力・技術などを最大化するための全社かつ統合的な取り組みの全体を指します。特に、どのように人材の能力を育成していくか、どこへ人材を配置するか、定着・活躍してもらうかを指すことも多いです。平たくいうと、どうすれば社員と会社が共に幸せになり続けることができるのかという能力面からのアプローチです。

人材開発関連の権威筋では、タレントマネジメントを次のように定義しています（出典：『HRトレンドハンドブック２０１３』HR総合調査研究所）。

ASTD（米国人材開発機構）：二〇〇九年

仕事の目標達成に必要な人材の採用、人材開発、適材適所を実現し、仕事をスムーズに進めるため、職場風土（Culture）、仕事に対する真剣な取り組み（Engagement）、能力開発（Capability）、人材補強／支援部隊の強化（Capacity）の四つの視点から、実現しようとする短期的／長期的、ホリスティックな取り組み（多層的なものを有機的に統合する取り組み）。

SHRM（全米人材マネジメント協会）：二〇〇六年

人材の採用、選抜、適材適所、リーダーの育成・開発、評価、報酬、後継者養成等の人材マネジメントのプロセス改善を通して、職場の生産性を改善し、必要なスキルを持つ人材の意欲を増進させ、現在と将来のビジネスニーズの違いを見極め、優秀人材の維持、能力開発を統合的、戦略的に進める取り組みやシステムデザインを導入すること。

要するに、適材適所の究極版です。社員の能力、状況、各種のデータをすべて包括的に把握することでこれが可能になります。システムを使うことが多いですが、社員数三〇〇名くらいまではエクセルなどでも十分管理できます。重要なのは現在の社員の活力を最大化するには、どのようなデータを管理すべきか、という点です。

●屋根上げか、底上げか

ここで出てくるのが大きく二つの議論です。「屋根を上げるか（＝優秀な人材のみに教育を特化するか）」と、「底を上げるか（＝全社員を育てるか）」です。底上げこそが大切ですといいたいところですが、同時に屋根を上げることも考えなければなりません。屋根を上げれば（部門長や役員など幹部陣の徹底強化）、頂点が上がり、土台の幅も広がって全体の面積が拡大し、成長が加速していくからです。

例えば、入社～数年以内に総合的な研修を受講してもらい、その後の配置転換によって自身の適性やキャリアを判断し、「適所＝期待される役割・ポジション」に向けてキャリアプランを描いていけるようにしたり、一定の部門をテストケース的に強化したり、採用戦略を中途または新卒に切り替えて文化を一変させたりということもあります。

特に、サクセッションプランニング（重要な特定のポジションに対する後継者育成計画）との言葉がある通り、選抜されたメンバーによる研修は、その重要性がますます高まっています。上場企業のコーポレートガバナンス・コードにも「取締役会は、会社の目指すところ（経営理念等）や具体的な経営戦略を踏まえ、最高経営責任者等の後継者の計画（プランニング）について適切に監督を行うべきである」とあるように、もはや後継者育成は企業経営の必須事項といえます。もし一〇〇年企業をつくろうとすると、仮に経営トップの平均在任期間を一〇年とした場合、少なくとも一〇人の経営者が必要になるわけです。事業継続が大前提（ゴーイングコンサーン）となる企業において、それが計画的に行われないというのはあり得ないことです。

サクセッションプランニングは、全体の研修や企業内大学などとは異なり、後継者や幹部の潜在素養がある人材を選抜し、必要な経験・知識・能力・技術を身につけてもらうための総合的な活動です。具体的には次のようなプロセスをたどります。

・理念、文化の深い理解と全社共有

↓
・重要ポジションとそのポジションに求められる要件の確認
↓
・サクセッサー（後継者）育成方針・計画の策定
↓
・育成計画実行
↓
・定期レビューとタレントプール※のマネジメント

※タレントプール＝優秀人材のデータベース

特に、人間性なども重要になるため、タレントプールは自社の将来を決める最重要人事データともいえます。人事は常にこれを求められる水準に保ち、見直し、温かさをもって支援していく必要があります。

もちろん、えこひいきしたい人材を育てるというのではなく、門戸は全員にあけておいて、選抜された人に集中的にリソースを投下するということです。

タナベ経営にも「ジュニアボード（若手擬似役員会）」というプログラムがあり、クライアントの選抜メンバーと一緒に経営計画を策定することが多くありますが、これもサクセッションプランの一つだといえます。

●「適所適材」と「適材適所」を統合する

ここまで見ていただいてわかる通り、ワークフォースプランニングとタレントマネジメントの二点、つまり「適所適材」と「適材適所」は統合して考えなければなりませんし、現在の中堅・中小企業の現場ではその形が最もフィットしていると考えています。

その理由は、日本型人事制度にあります。日本ではいまだに職能が基本になっていることや年功主義が根強いため、専門性を高めるドライブがかからず、過去を踏襲する人事になってしまいます。ほとんどの会社で、年齢と給与が比例しているのがその証左です。

しかし、このままでは変化のスピードについていけないため、必要な役割＝適所を見いだし、そこに適材をフィットさせていく、または外部から得る（採用やアウトソーシングなど）ことも重要になっています。

変わり続けるマーケットに即応するため、企業が必要とする能力が変わっていくこと、逆に自社の現有する組織的能力の中で事業をしていこうという考えもあることに鑑み、私は適材適所と適所適材は統合されて考えるべきだと提案しています。

さらに実務的なポイントは、「適材」と「適所」を明確化することです。求める人が不明確であいまいであるほど、自社の採用力は下がってしまいます。例えば、「コミュニケーション力がある人」を採用したいといって募集したら、同じことをいう大手に人材が流れてしまいます。しかし、「〇〇〇の技術を持っている方に、新事業である△△△の開発をリードしてもらうポジションです」といえば、応募の数は減りますが、マッチング率は格段に上がります。柔軟に考えれば、スキルの充足度が五〇％でも、それを社内教育か複数社員採用・アウトソーシングで補えば自社のワークフォースは満たすことになりますし、タレントマネジメントによって差別化できることになります。そのため、適材と適所は常に同時に重要なのです。

まずは全体を整理し、現状と目標の乖離がどの程度あるのか、どのような施策が有用なのかを経営と人事が一体となって計画する（戦略的人事を行う）ことがその端緒となります。それこそが、戦略的な人員計画であり、経営的・戦略的なワークフォースプランニング／タレントマネジメントといえます。

●トータル・リワードとフリンジ・ベネフィット

トータル・リワードとは、金銭的報酬と非金銭的報酬を組み合わせた報酬体系をいいます。

働く人を動機づけるには、給与・賞与だけでなく、仕事そのもののやりがいや、働きやすい職場環境、社風・企業文化、能力開発、福利厚生、ワーク・ライフ・バランスなども併せて提供していくことが重要となります。これらの施策と給与・賞与をバランスよく取り込み、報酬全体をマネジメントしようという考え方がトータル・リワードです。

非営利団体で人的資源の研究を行う米国の教育機関「World at work」では、次の五つをトータル・リワードとして定義しています。

①**「承認」**(Acknowledgement《アクナレッジメント》):部下一人ひとりを大切なパートナーとして認知すること
②**「均衡」**(Balance《バランス》):仕事と私生活の両立させること
③**「文化」**(Culture《カルチャー》):若い部下であっても自由に意見を述べられる職場であること
④**「成長」**(Development《デベロップメント》):成長の機会を提供すること
⑤**「環境」**(Environment《エンバイロメント》):労働環境を整備し、社員が居心地のよい環境で働けること

特に、非金銭的報酬は、金銭的報酬に比べてコストが安く、社員のやる気を高めることができる手段であり、現在では金銭的報酬よりも重要といえます。働く人の目的が本当にお金だけが欲しいというのなら、別に会社に所属しなくても、投資をしたり自分で起業したり、あるいは給与が個人成績に連動する完全成果報酬の外資系企業で働くなど、いろいろとほかに道があ

図表3-7　世帯年収と幸福感

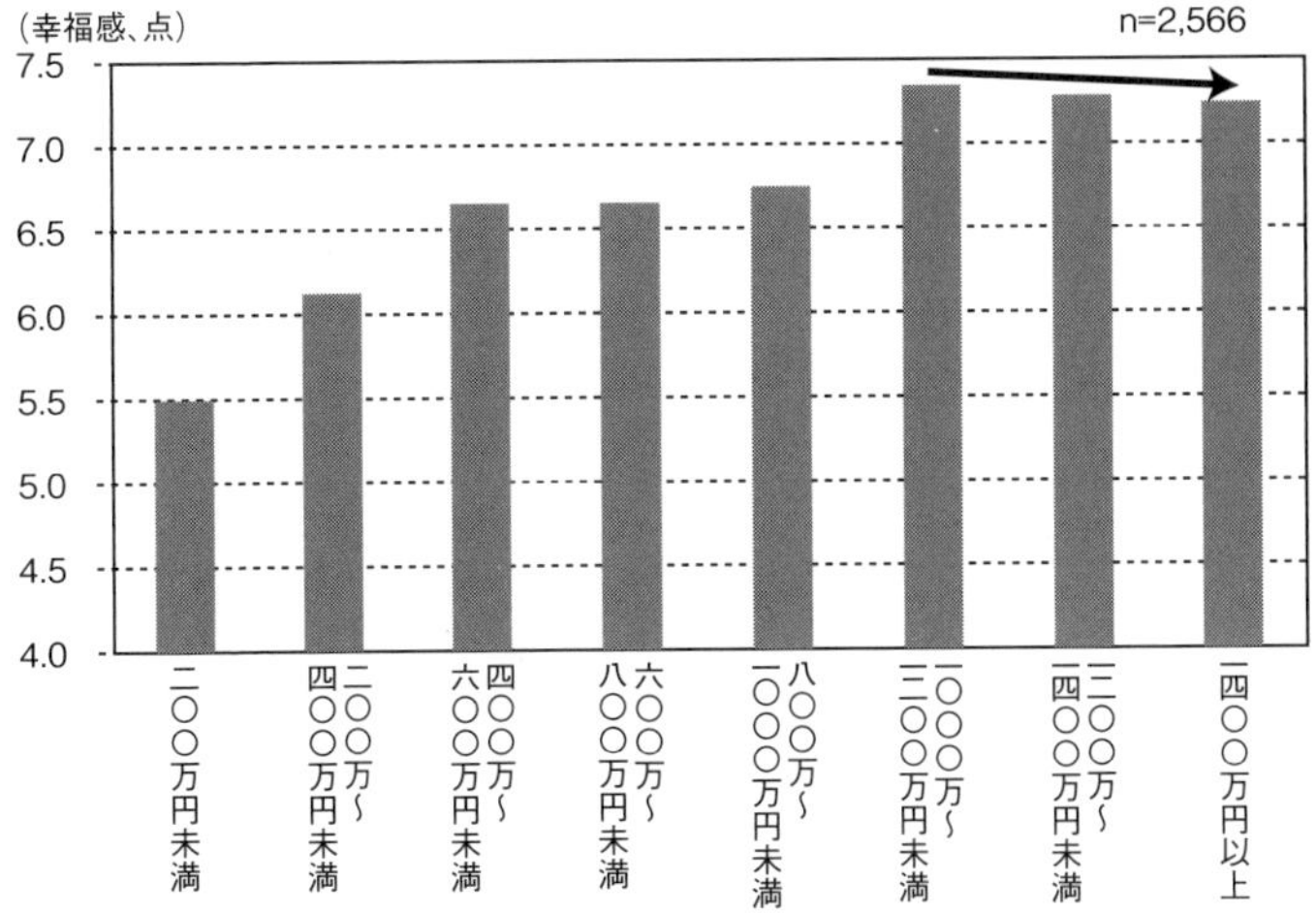

出典：内閣府「人々の幸福感と所得について」より作成（2014年2月14日）

るはずです。しかし、そうではないからこそ、人材が集まるのです。

内閣府の調査（「人々の幸福感と所得について」二〇一四年）によると、世帯年収一〇〇〇万～一二〇〇万円未満をピークに、幸福感が緩やかに下がっています（【図表3－7】）。ちなみに、同時期（二〇一四年）の国税庁による平均年収（一年を通じて勤務した給与所得者の一人当たり平均給与、「民間給与実態統計調査」より）は四一五万円です。日本の平均世帯人数は約二人（厚生労働省「国民生活基礎調査」）ですから、大まかにいえば世帯一人当たり平均収入が五〇〇万～六〇〇万円未満で幸福感がピークに達しているようです。なおプリンストン大学の調査（二〇一〇年）では、年収七万五〇〇〇ドル（当時のレートで約六三〇万円）で生活満足度が頭打ちになるとの結果が出ています。

もちろん、収入は多いほうがいいに越したことはありません。しかし人の幸福度は、収入がある一定の水準を超えると、それ以外の部分に大きく依存するのです。

非金銭的報酬のうち重要なのが、もう一つのキーワードである「フリンジ・ベネフィット」です。給与・賞与以外に従業員へ提供する経済的利益をいい（「付加給付」ともいいます）、日本の場合は「福利厚生」とほぼ同義語として使われています。

フリンジ・ベネフィットは、「給付内容によっては便益を受ける者と受けられない者との間で不公平が生じる」「社宅や保養所などの施設を維持するために多額の費用がかかる」といった理由から、採用を見送られたり、廃止されたりすることが多々あります。とはいえ、社員からすれば所得税がかからない報酬ですし、人を大切にする会社の方針を表すこともできます。こうした点に着目し、自社オリジナルのフリンジ・ベネフィット（コミュニケーションを深める目的で社内パーティーを開催するなど）を検討する企業が増えています。

例えば最近、これまで縮小・廃止傾向が続いていた社内イベント（社内運動会や社員旅行など）を復活させる企業が徐々に増えているそうです。産労総合研究所の調査（二〇一四年）によると、何らかの社内イベントを実施している企業の割合は八二・〇%。直近一〇年間における社内イベントの見直し状況を尋ねたところ（複数回答）、「見直しや再編をした」が四五・一%、

図表3-8　社内イベントの実施状況（2014年・2009年）

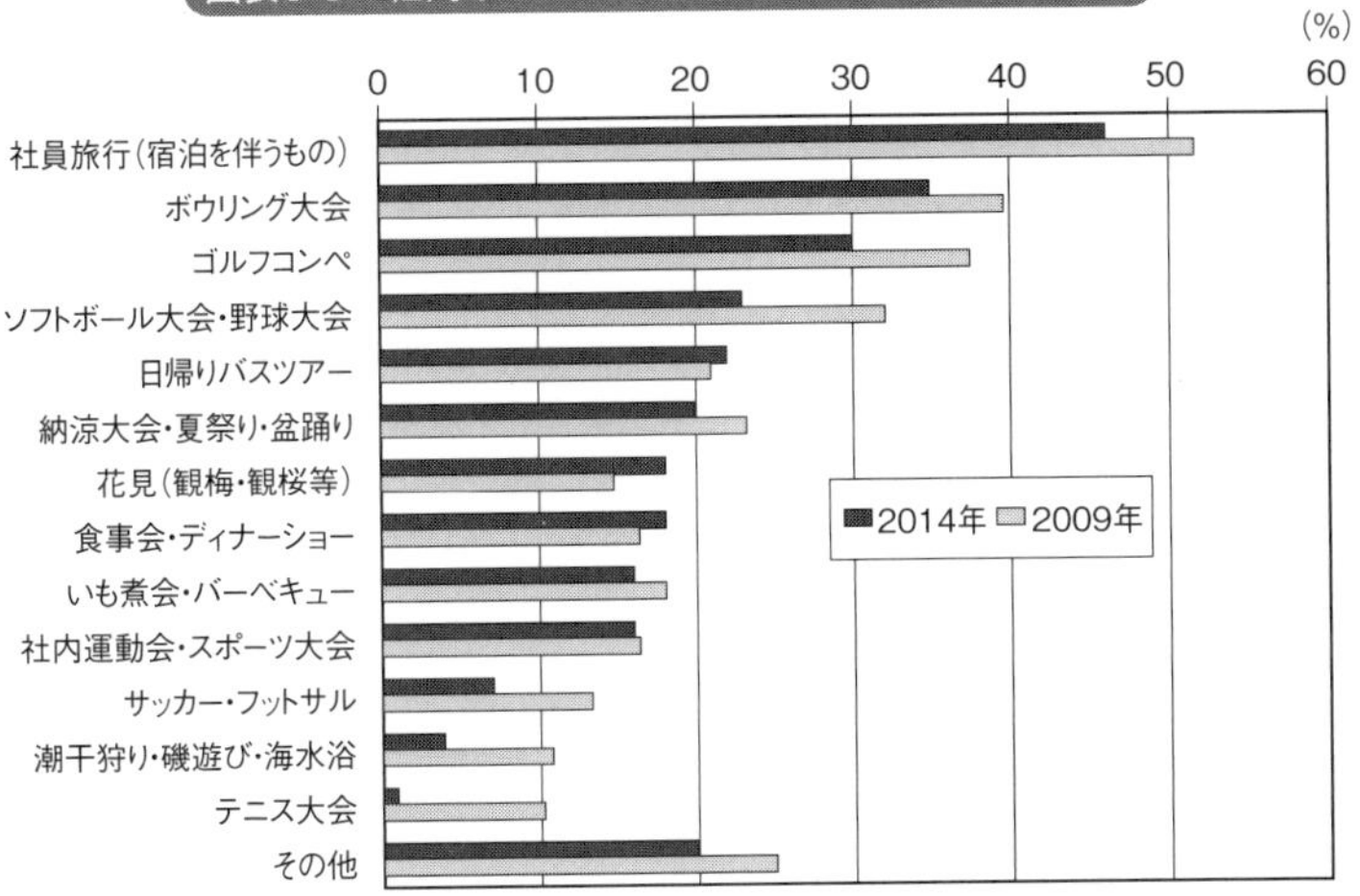

出典：産労総合研究所「2014年 社内イベント・社員旅行等に関する調査」

そのうち約半数は「新たな行事を始めた」でした。また「行事を復活させた」企業も二九・一％ありました。社内イベントの実施状況を見ると、「社員旅行」が四六・〇％と最も多く、次いで「ボウリング大会」（三五・〇％）、「ゴルフコンペ」（三〇・〇％）などが占めています（**【図表3－8】**）。

以前、ある東証一部上場企業の社長から「飯より安いものはない。一〇〇万円かかっても必ずご馳走しなさい」と言われたことがあります。仮に飲食代で一〇〇万円とは相当な金額ですが、仮にそれだけかかっても、社員一人の二、三カ月分の固定費で何十人ものモチベーションが上がるのなら、確かにこれ以上の安い投資はないと思います（もっとも、社員をねぎらう気持ちこそが重要ですが）。

図表3-9　企業規模別・常用労働者1人1カ月平均労働費用（2016年、単位:円）

			計	1,000人以上	300〜999人	100〜299人	30〜99人
総額			416,824	481,077	423,825	374,117	338,909
労働費用	現金給与額		337,192	375,888	349,632	309,863	284,469
労働費用	現金給与以外		79,632	105,189	74,193	64,254	54,439
労働費用	現金給与以外の労働費用	法定福利費	47,693	53,254	48,216	43,641	41,349
労働費用	現金給与以外の労働費用	法定外福利費	6,528	9,237	5,858	4,963	3,883
労働費用	現金給与以外の労働費用	[労働費用福利厚生費率]	13.0%	13.0%	12.8%	13.0%	13.4%
労働費用	現金給与以外の労働費用	現物給与費用	465	435	240	1,035	195
労働費用	現金給与以外の労働費用	退職給付等費用	18,834	29,016	17,792	12,712	7,797
労働費用	現金給与以外の労働費用	教育訓練費	1,008	1,519	958	731	424
労働費用	現金給与以外の労働費用	その他	5,104	11,729	1,128	1,173	792

出典：厚生労働省「平成28年就労条件総合調査結果の概況」（2017年2月28日）

図表3-10　トータル・リワードとフリンジ・ベネフィットの例

理念の発信	ミッションやビジョン、バリューに共感できる喜びを提供する
魅力的な仕事	やってみたい、やりたい仕事を提供する
魅力的な仲間	志を１つにする仲間と働ける喜びを提供する
企業文化の醸成	理想的な文化・社風を持つ企業で働ける喜びを提供する
理想の生活	思い描く仕事や私生活を送ることができる
魅力的な職場環境	オフィスファシリティー、立地、働きやすさなどの環境整備
ポイント・トークン制	望ましい行動にポイントやトークンを付与し、表彰や賞与などに反映される
称賛	トップや責任者から、行動を称えるメールが送られるなど
特別休暇	誕生日や結婚記念日などに休むことができる
社員投票	社員投票によって優秀社員が称えられる
時間利用権	勤務時間の決められた割合を好きな業務に使える
オープンポジション	希望するポジションや空きポジションに立候補できる
研修制度	研修に参加できたり、希望の研修を受けたりできる
イベント	社員旅行・パーティーなどのイベントがある
カフェテリアプラン	飲食・宿泊・自己啓発利用可能なメニューから選んでメニューを利用できる

出典：タナベ経営

人件費（労働費用総額）と福利厚生費を企業規模別に見ると、自社の現状がおおよそ把握できると思いますので、【図表3－9】で比較してみてください。また、参考までに「トータル・リワード」「フリンジ・ベネフィット」の代表事例を【図表3－10】にまとめました。

●社員を格づけしない「No Rating」

米国を中心に現在急速に広がっているのが、ノー・レイティング（No Rating）――従来の人事評価で行われきた点数づけや格づけをしないという、新たな評価方法です。マイクロソフトやGE（ゼネラル・エレクトリック）など世界的に知られる企業が率先して採用しています。

世界的にノー・レイティングが導入されている理由は、一言で述べるとシンプルです。従来の人事評価手法（点数づけ・格づけ）は、時間とコストがかかる割に、個人や組織のパフォーマンス向上につながっていないと見なされ始めているからです。評価のために大量の書類を作成し、長時間に及ぶ会議を開くなど、マネジャーたちが要する時間は膨大です。それだけ労力を費やしているのに、効果がない。それでは経済合理性を欠くというわけです。

また、市場の動きの速さについていけないことも要因の一つです。マーケットは今、この瞬間にも変化しています。何か動きがあれば、人事異動や組織改編、また目標改定とそれに伴う評価対象の変更など、機動的に合わせていくほうがいいに決まっています。しかし、昇・降格や組織改編は年に一度。半年や一年で評価するのは自社の都合でしかありません。結果的に人事や組織の変革が、どうしてもマーケットの後追いになってしまうのです。

また、そもそもグレードや点数をつけることにさほど意味がないことも挙げられます。「八八点」と「八七点」、「B評価」と「C評価」の違いは何か。それを突きつめたところでインパクトはなく、労力が見合わないのです。人間が行うことなので、印象に引きずられてしまうなどの評価エラーもついて回ります。もう割り切って、ほかのことに目を向けるべきだと誰もが気づき始めています。

とはいえ、点数づけや格づけをやめるにしても、報酬はどのように決めればよいのか。誰しも抱く疑問ですが、それに対する一つの答えが、給与の予算を各マネジャーに与え、分配を一任するというものです。マネジャーは、部下に点数やグレードをつけることなく、また定期的に評価することもなく判断します。あるいは、極めて少ない評価項目だけで決める。その他、一定のルールで給与を割り振って一部予算だけをマネジャーに与える、評価をマネジャーが決めて制度的に給与が決まるなど、いくつかの方法があります。

ある外資系コンサルティングファームでは、チーム全員に「彼（彼女）と一緒に働きたいか」「昇進させるべきか」などのいくつかのシンプルな項目に対する意見を聞き、報酬と昇進を決めていました。その結果、数十のポイントをレビューしていた以前の方法よりも満足度は高いとのことです。

ここでも当然、マネジャーの力が大きくものをいいます。マネジャーは部下の業務内容はもちろん、人となりまで、これまで以上に深く理解する必要があります。ノー・レイティングの広まりは一見、マネジャーの機能低下を示す動きのように見えますが、むしろ逆に重要度が増していくといえるでしょう。

●「お腹が痛いとき、あるよね」

最後にお伝えしたいのは、経営は、人事は、これからどうあるべきかというスタンスです。

体験ギフトを提供する「ソウ・エクスペリエンス」（東京都目黒区）の代表取締役社長・西村琢氏は、子連れ出勤（子ども連れで出勤して働く）ＯＫ、副業も（仕事に遅滞がなければ）ＯＫという方針です。同社の社員は、他社のＣＴＯ（最高技術責任者）や大学講師など、多様性に富んでいます。

また、同社では遅刻をしてしまった社員に対して、そのエビデンス（根拠）を求めないということです。一般的な会社では、例えば電車遅延が原因で遅刻をした場合は「延着証明書」の提出が必要、単なる寝坊でも何らかの〝やむを得ない事情〟（前夜に顧客と深酒した、目覚まし時計が鳴らなかったなど）を求められるのが通常です。しかし、「腹痛で家を出るのが遅れて……」

と言う社員に、「お腹が痛いときも、あるよね。僕もあるし」（西村氏）と追及や詰問、叱責をしないのです。こうした同社の取り組みで注目すべきは、そのスタンスです。「許可した」のではなく、「そもそも禁止していない」というスタンスなのです。子連れ出勤は、それが生み出す和やかな雰囲気に〝価値〟があると西村社長は話していました。同社のそうした多様性は、多くの優秀な人材を引き付ける引力になっています。

ＩＣＴ、ＡＩ、ＩｏＴ――。科学技術の発展レベルはもはや人知を超える域に達しようとしています。あらゆる物事は高速化・省力化・至便化が進み、未来は人の手を要さない世の中になっていくでしょう。もちろん、経営環境は本当に苛烈です。戦略、侵攻、獲得など、軍事用語が飛び交うほどに。しかし、いずれにせよその目的は誰かを幸せにすることであるはずです。「幸せ」だけは、すべてを「手段」に変えるのです。

誰かを幸せにしたい。そう願うことが、企業がこれから人を引き付ける要因になっていくのだと思います。

第4章

人を大切にする企業の事例

（松本宗家）

思いが一つになれば企業は善循環し、同じ人員でも利益を出せるようになる……井上

一九四七年創業の井上（京都府福知山市）は、電気設備の資材卸やシステム設計、ソフトウエア開発などを手がける会社です。北近畿エリアを中心に、地元密着型の事業を展開しています。そんな同社のかけがえのない資産が、人材です。どんな課題に対しても臆せず向き合うチャレンジ精神が、同社社員のエネルギー。顧客が思い描くシステムや悩みに対し、質の高いソリューションを提供するという使命感にあふれています。

●マイナスだらけのスタート

現在、安定成長を続ける同社ですが、実は今日に至るまでの道のりは、順風満帆ではありませんでした。二〇〇三年に三代目社長として経営を引き継いだ井上大輔氏は、当時の同社の実情に愕然とされたそうです。実質債務超過に陥っていた財務体質、労働基準法に反する劣悪な労働環境、高い離職率、度重なる車両事故・交通違反、数字（お金）への強すぎる執着風土、非

開示文化、命令と愚痴ばかりの職場……。まさに「お金なし、モラルなし、倫理なし、ビジョンなし」の状態だったそうです。

しかし、プラス発想で物事を考える井上氏は、これ以上悪化することはないと開き直り、「会社の経営資源は何か」と思いをめぐらせました。すると、残された無形資産の存在に気づきました。それは、創業者の社会的信用、顧客（得意先）、真面目で誠実な社員たちでした。そして、社長を引き受けたからには「社員を幸せにし、自分自身も幸せになる。恥ずかしくない人生、恥ずかしくない会社にしよう」と覚悟を決めたそうです。その結果、社員の顔触れはほとんど変化がなかったにもかかわらず、経常利益額は大きく増加しました。

なぜ、収益改善が実現できたのでしょうか。その大きなきっかけは、同社が二〇一一年に取り組んだ「理念の見直し」「スタンダードの構築」でした。同社の理念は「iStandard《アイスタンダード》※」（通称：アイスタ）」と親しまれ、すべての判断基準のよりどころとなっています。

※iStandard Philosophy：私たちは、お客様・取引先・地域社会から愛され、働く一人一人が幸せで、強く・優しく・楽しい会社を目指す

●ビジョンを再定義

また、ビジョンを再定義し、社内の考え方をすべて改めました。すぐに変えることができる

のは「顧客」「提供価値」「収益構造」ではなく、「プロセス」であるということにフォーカスし、変革の取り組みを始めました。

同社には、iStandardを踏まえた四原則というものがあります（それぞれの言葉を読み替えています）。

①理念は「リーダーシップ」
②自己信頼、主体性は「強さ」
③相互信頼、チームプレイは「優しさ」
④計画、改善と実行、学習は「楽しさ」

として、社内に対しさまざまな施策を講じました。井上の〝i〟を冠した施策例には、「iデア提案活動」「iペディアの情報発信」「iプロセス」などがあります。

その結果、同社では「主体的・自発的な行動の発揮」「助け合いの日常化」「変化への適応力と変化を起こす力の醸成」という三点の成長が、組織に見られるようになりました。

さらに、あるべき方向へ導くため、「INOUEチームワーク4・0」という取り組みを進めています。その柱となっているのが、「CRMシステムとiプロセス」（顧客を中心としたプロセス改善）、「iWork」（チームプレイ主義を支える人事制度の見直し）、「・iアカデミー」（成長支援に資する教育プログラム）の三つです。

プロセス改善においては、社内を「トップチーム」と「サポートチーム」に分け、チームプレイで互いに支え合う仕組みを組織全体で打ち出しています。また、iWorkの基本設計思想を「主体性の発揮」に置き、同一チームが同一待遇となるよう、チームプレイを前提とした評価にシフトしています。個人へのインセンティブも全廃するという徹底ぶりです。さらに、社員の勤務時間削減にも積極的に取り組んでいます。

また、・iアカデミーでは、入社後三年間の成長を会社全体で支えるカリキュラムを用意。講師には、リーダー以上の社内メンバーや社外の専門家が務め、eラーニングも一部取り入れています。同社は「仕事を通してなりたい自分になれるよう、『・iアカデミー』をフル活用してください」と採用ページでも明記しており、人材教育に対する熱心な姿勢がうかがえます。ゆくゆくは、アカデミーという仕組みを社外にも開放し、人材難に悩む取引先への支援ツールとして活用する予定だそうです。

経営陣と社員の相互理解が「信頼関係」と「わがこと意識」を生み出す
ランクアップ

ランクアップ（東京都中央区）は二〇〇五年創業の化粧品会社です。残業をせずに一〇年以上売上げを伸ばし続け、多くのメディアで取り上げられるいわゆる〝ホワイト企業〟として活躍しています。

創業者である代表取締役・岩崎裕美子氏は、かつて「長時間労働が当たり前」「稼げない者は居るべからず」「女性社員が結婚・出産すると働き続けることが困難」といった、働く者にとって決して良い労働環境とはいえない会社で役員として経営を担ってきたといいます。そんな状態と決別するべく起業し、苦労に苦労を重ねて今の環境をつくり上げました。

社員の約半数がワーキングマザー。妊娠や出産を機に辞めずに、働き続けられる環境を実現しています。

●経営陣と社員間の深い溝

しかし創業間もないころは、共に創業したパートナー（前職時代の後輩）と二人であらゆる意思決定をし、社員には裁量権を与えず、すべて岩崎氏が仕切る状態だったといいます。朝令暮改も頻繁で、社員は経営陣に対する愚痴と不満がたまっていくという悪循環に支配されていました。

経営陣と社員のバラバラな状況を解決するべく、ある人事コンサルタントに相談。経営陣と役職者で中期経営計画をつくるというプロジェクトを通じて、社内のコミュニケーションの溝を埋めることに取り組みました。

◎役職者が経営陣に持っていた不満の一例

①経営者と話す機会が少ない
②経営者の意思が社員に伝わっていない
③人材育成のカリキュラムがない
④将来的な規模が見えない
⑤戦略が社員に伝わらない

⑥目標設定の背景の説明がない
⑦いつも短期的な見方で戦略を決定する
⑧長期戦略が弱い　　など

社長にいいたくてもいえる雰囲気ではなかったことから、これらの不満がたまりにたまってしまったのだそうです。「これは社長に原因がある」と考えを改め、約半年間にわたり毎週話し合いを重ね、ようやく互いを理解できるようになりました。

業績は幸いにも伸び続けていましたが、相変わらず主力製品のメイク落とし『ホットクレンジングゲル』だけが売れているにすぎず、第二の柱をつくらなければ、いずれ危機的な状況になることが懸念されていました。そこで、新たな製品開発に向け経営陣と役職者が中心に取り組むことになったのですが、このことが新たな問題を生み出したのです。

気づけば、「経営陣＋役職者」対「社員」という構図になり、社員との間に新たな溝ができてしまっていました。経営陣＋役職者八名対、社員二二名という対立の構図です。

そんな状況を打破しようと、あるとき、紹介を受けた合宿式の研修を取り入れました。岩崎氏は参加せず、研修講師に現場を任せて見守っていました。研修の最後に社員に対し、「会社のために自分たちが何ができるのか？」というテーマで討議をするときに、問題が起きたそうです。誰一人、「会社のために何ができるかなんて考えられない」というのです。

その理由は、「会社は私たちをまったく認めてくれていない」「仕事をしても満たされない」「何のために働いているかわからない」「会社から何を求められているかわからない」「会社から認められていないから貢献なんてできない」などさまざまでした。

研修講師のアドバイスでなんとかその場は落ち着きましたが、このことをきっかけに、社員が「会社や社長が自分たちをまったく認めていない」と感じていて、そのことがモチベーションを下げる原因となっていたことがわかりました。

創業して数年は、以前から岩崎氏のことをよく知る人たちが社員になってくれていたので、社長の思いが通じ以心伝心で動けていたそうですが、社員数が増えるにつれ、そうもいかなくなっていたのです。本来、新しい人が入社した際には、会社の理念や価値観、会社の方向性、社員への期待などをきちんと説明し、社員とコミュニケーションをとることが理想的です。しかし、多忙を極めていたことを言い訳に何もせず、新しい人が入社するなりすぐに業務に就かせてしまっていたため、多くの溝をつくってしまっていました。

●自社の価値観を探る

会社を明るくするため、外部の力を借りながら、ランクアップが何を価値観としているのかを探りました。まず、社長と取締役の二人が導き出したキーワードは「挑戦」でした。当初、聞かされた社員はポカンとしていましたが、何度も何度も繰り返し説明し、発信し続けることで会社が本気で「挑戦する会社になりたい！」と考えていることが浸透するようになりました。すると、今まで実施したことのない企画などを提案してくれる社員が現れるようになりました。顧客を巻き込んだイベント企画「ママフェス」や「いくつに見えるコンテスト」、社内でのハロウィンパーティーなどアイデアはさまざま。これらはメディアにも取り上げられ、今では同社の恒例行事になっています。

現在は、次のような社風、価値観になってきています。例えば、「A：不具合は多いけれど、最新技術のサービス」と「B：古いけれど安定したサービス」があるとします。自分ならどちらのサービスを選ぶかという問いに対して、同社は全員が迷わずAを選択するのです。

岩崎氏は、「今は社員に任せることができます。それは、社員が『挑戦』という価値観で企画をしたり、仕事をしてくれているから。心から信頼して任せることができるようになっているんです」といいます。

同社がこだわり続けて行っていることがあります。一つ目は、「三カ月に一度の理念研修」。大切な価値観を繰り返し共有し続けています。二つ目は、業務スピードを上げる六つの社内ルール（①社内資料はつくり込まない、②会議は三〇分、③社内メールで「お疲れ様です」は使わない、

④社内のスケジュールは勝手に入れる、⑤プロジェクトの活用、⑥社内の根回し）。三つ目は、「一七時に帰っていいよ」制度。そして四つ目は、組織のカンフル剤としての新卒採用です。

また、女性社員比率が高いため、独自のサポート施策も導入しています。選べる時間給制度や、無農薬野菜の支給、ランチ補助（バランスのとれた弁当を提供する「オフィスおかん」を導入）、病児シッター制度、時短勤務制度、コミュニケーション食事会費支給といったものです。こういった「こだわり」や女性中心の職場ならではの「施策」なども実施し、先述のような、働き方改革を地で行く「残業をせずに一〇年以上連続で売上げを伸ばし続け、多くのメディアで取り上げられるホワイト企業」として活躍しています。

動画社内報から社員ポートレートまで、社員交流につながる多彩な仕組みづくり……ストライプインターナショナル

宮﨑あおい、鈴木京香、広瀬すずを起用したプロモーションで知られるアパレルブランド『earth music & ecology』を展開するストライプインターナショナル。ほかにも複数のブラン

ドを持つ、若者に人気のカジュアル衣料メーカーです。岡山県で四坪のセレクトショップからスタートした同社ですが、近年は、ＩＣＴ、飲食、コスメティック、雑貨、ホテル分野にも進出。「ライフスタイル＆テクノロジー」を事業領域に定め、国内外へ広く「モノ」と「コト」を提供しています。二〇一五年度には売上高がグループ計一二〇〇億円を超え、勢いを増す同社。その陰には社員を大切にするさまざまな仕組みがあるようです。

●社員は「もう一つの家族」

これまでになかったサービスや新しい事業に挑戦するには、社員の自由な発想や価値観の共有が不可欠。そのためには、社員間コミュニケーションの活性化が必要だと同社は考えています。その経営理念は「セカンドファミリー」。社員同士、取引先、顧客との関係を、ただの仕事上の関係というよりも、家族の次に大切な関係として捉えているのです。ともすれば、家族よりも長い時間を一緒に過ごすことになる社員同士。さまざまなことを語り合える家族のような存在であり、一丸となって新しい価値を世の中に提供していく仲間でもある、というわけです。

さらに、同社にとっては取引先、顧客もセカンドファミリーです。「大切な存在だからこそ、私たちに関わる間、最高に幸せに過ごしてほしい」という考え方を明文化しています。

しかし、セカンドファミリーと定義しても、どのようにこれを実現していけばよいのでしょうか。同社では、社員間の距離を縮め、文字通り「もう一つの家族」へと導くさまざまな試みを行っています。

●動画を使った情報発信で若い世代にもアプローチ

まずご紹介したいのが「ストライプＴＶ」。毎週木曜日の昼に配信するウェブ限定の「企業発本格バラエティー番組」です。ＹｏｕＴｕｂｅの限定公開機能を使って、社員のみが視聴できるようにしています。平たくいえば〝動画版社内報〟という位置づけになるでしょう。

まず第一週目の木曜日には、前月の業績振り返りと今月の営業戦略のポイントなどをトップ自らが伝える「社長短信」がアップされます。こうした経営上の情報から、自社内のブランドがテナントとして入るショッピングセンターで賞を取ったニュース、顧客からの指摘をドラマ仕立てで再現しているものや、ＬＧＢＴへの理解といった社会的内容までさまざまな情報を発信。ブランドを超えた情報共有の場として機能しているそうです。社内向けといっても、制作に手抜きは一切ありません。

こうしたコンテンツは広報部で企画し、社員が出演することもあるそうです。「会社のことをもっと好きになってほしい」という思いから二〇一二年一一月より配信が開始され、制度を楽しく紹介したり、社員に密着したりと会社の情報を多岐にわたって取り上げています。

同社が展開する一五ブランドの店舗は全国に約九〇〇カ所（二〇一七年現在）。何かしらのツールがないと店舗間でのコミュニケーションはままならないでしょう。そこで、全社員をつなぐメディアとして始まったのだそうです。

同社広報部部長の木本由有《ゆう》氏は、「紙やPDF版の社内報ではテキストが主体になります。当社の社員の平均年齢は二〇代後半と若く、活字離れの年代が中心。ですから、若い世代にダイレクトに情報が届くように動画を採用しました」と意図を説明します。

●コミュニケーションアプリで社長とも意見交換

ストライプTVと並んで同社のインナーコミュニケーションに不可欠なツールが「amily（アミリー）」と呼ばれる社員専用アプリです。社内のコミュニティを広げ、調和を生み出すことを目的にした部門横断型の「ハーモニープロジェクト」から生まれました。このアプリは「世界一楽しい社員名簿」という位置づけで、名前、生年月日、出身地、好きな食べ物など全社員のプロフィールを閲覧できます。そのほかにも多彩な機能があり、例えば「アミリータイムス」というコンテンツでは、自社のニュースリリースを見ることもできます。

また、amilyには掲示板機能も搭載されており、社員全員にメッセージを送ることができます。そのやりとりはすべての社員が見ることができるといいます。

「社長（石川康晴氏）にメッセージを送ることも可能で、実際に多くの社員がやりとりをしています。社長が店舗を訪問した際には、店舗のスタッフが直接謝意を伝えることもあります。もちろん、日ごろ顔を合わせることがない社員同士でのやりとりも発生するなど、社内コミュニケーションの活性化に大きな効果を発揮しています」（同社広報部）

さらにamilyには、「アミリーポスト」と呼ばれる匿名で業務の改善点などの意見を述べることができる機能もあり、社内意見箱的な役割も果たしているそうです。

●社員ポートレートもコミュニケーションのきっかけに

また、こんなユニークな取り組みも行われています。

東京・銀座の歌舞伎座タワー内にある同社の東京オフィスに入ると、廊下の壁一面に多数の人物ポートレートが飾られています。写っているのは、すべて東京オフィスで働く社員。そのなかには社長の写真もあります。「自分の一番大切なもの」というテーマで撮影したそうで、社員がそれぞれ、自分の大切なものを手にして映っています。写真をきっかけに、いたるところで同じ趣味を持つ社員同士で会話が弾むなど、予想以上の効果を発揮しているようです。

何気ない取り組みから、社員同士のコミュニケーションが生まれ、セカンドファミリーの醸成につながっているのです。

●オフィスでは戦略的な席替えを実施

そしてもう一つ、同社の社員間コミュニケーションを活性化させ、意思疎通の浸透に貢献しているのが定期的な席替えです。ブランドごとにスタッフが近くの席に集まって仕事をするパターンと、企画、生産、販促といった、各ブランドに配属された同じ職種の社員同士がひとかたまりで業務に当たるパターンを三カ月ごとに繰り返しているといいます。

これにより、通常業務ではコミュニケーションをとる機会がほとんどない他ブランドの同職種社員の間で密接な交流が始まったそうです。職種ごとの悩みを共有したり、他ブランドの仕事の進め方や連携の仕方などを知るきっかけにもなり、また、意見交換を通じてさまざまな情報やノウハウを共有するなど、業務改善にも役立っているとのことです。

東京オフィスの中心にはガラス張りの部屋があります。名前は、「未来妄想室」。ここでは通常の報告だけの会議は行わず、新規事業の企画会議など、新しいことを考えるときにだけ使われるそうです。ガラス張りにしたのは、なかにいる社員は外からの視線を感じてよい会議ができるように、また外にいる社員は会議の様子を見て刺激を受けられるように、という狙いがあるそうです。

また、同じく東京オフィスを見わたすと、木を基調にしたカフェのようなスペースがあることに気づきます。ここは社員が自由に使える交流スペースで、打ち合わせをしたり気分を変えて仕事をしたりと、さまざまに利用されているようです。自席にずっととどまっていると、どうしても思考が凝り固まってしまいます。このカフェ／バースペースは仕事にリズムを生み出し、また部署を超えたコミュニケーションの場としても機能しています。オフィスにこのような気分を変えられるスペースがあるだけで、社員の気持ちが随分変わるのではないでしょうか。終業後にはここでお酒を飲むこともできるそうです。

このように、さまざまな手段により社員間コミュニケーションを活性化させることで、「セカンドファミリー」としての意識を高めているのです。

●女性が働き続けられる環境をサポート

同社は約九割が女性社員。出産などをはさみキャリア形成が男性より難しい立場にある女性たちが働き続けることができるよう、さまざまな制度を設けてサポートしています。産前産後休業、育児休業のほか、主に満一〇歳未満の子どもがいる社員を対象とした育児支援制度「キッズプラン10」も用意。対象社員は、希望により短時間勤務に切り替えることができるほか、月一回の「キッズ休暇」や、毎月所定の「扶養育児手当」が付与されます。これにより、子どもと過ごす時間を増やしたり、公休を子どもの突然の体調不良や行事参加に使用することができます。また、勤務時間によって金額が異なりますが、子どもが一八歳になるまで、継続して毎月所定の手当が付与されます。

女性だけでなく男性社員も、配偶者の出産日当日から育児休業制度を利用することが可能です。さらに、満一〇歳未満の子どもを持つ男性社員には「イクメン推進休暇」という休暇制度があります。仕事だけではなく家庭も充実させ、父親の育児参加を促進することを目的に設けられているため、該当社員は月に一回、この休暇を取ることを義務づけられているのです。このような制度は「年に一回」というようなものが多いのですが、「毎月」と設定したところに同社の本気を感じます。

休暇制度だけではありません。二〇一一年秋に発足した「女性人事委員会」では女性幹部が集まり、半期に一度女性の昇格候補者を選び、会社の人事昇格委員会に推薦するという役割を担っています。男性目線では評価されにくい、埋もれた人材の発掘を目的としているそうです。また、仕事や待遇に対する満足度や環境についてのアンケートも行い、女性が働きやすい環境づくりにも貢献しています。二〇一七年一月末時点での同社の女性管理職比率は五三%。比較的若い段階での抜擢も多く、適性のある人は公正に登用される文化だといいます。

体が求める働き方をサポートする上下昇降デスクを開発

岡村製作所

社員が働きやすい環境を考えたときに、日々使う椅子や机を見直すことも選択肢の一つです。長時間座っても疲れにくい椅子の開発で知られる岡村製作所。その「椅子のオカムラ」が、座り仕事と立ち仕事の両方に対応できる上下昇降デスクを開発、併せて椅子から時々立つワークスタイルを提唱して話題を呼んでいます。

●「時々立つ」のは健康的、欧米でスタンダードに

長時間座り続けると、寿命が短くなるという研究結果があります。豪シドニー大学が二〇万人以上を対象とした調査によると、一日の座位時間が一一時間以上の人は、一日四時間未満の人よりも三年以内に死亡するリスクが四〇％以上も高かったのです。

米国や英国でも、類似の研究結果が近年相次いで発表され、長時間のデスクワークは健康に害を及ぼすとの認識が世界で広まりつつあります。しかし日本では、「仕事は座ってするもの」

と思っているオフィスワーカーがほとんどではないでしょうか。

そうしたなか、長時間座っても疲れにくい椅子の開発を続け、「椅子のオカムラ」と称される同社が、立ち姿勢を取り入れた働き方「＋Standing（プラス スタンディング）のススメ」を提唱して注目を集めています。

二〇一五年一月、同社は座り仕事にも、立ち仕事にも対応できる上下昇降デスク『Swift（スイフト）』を発売。自分の働きやすいスタイルにデスクを合わせるというコンセプトの商品です。併せて、座り続けるデスクワークの弊害に関する研究結果も明示しました。[※1]

※1（公財）大原記念労働科学研究所と岡村製作所の共同実験（二〇一四～二〇一五年）

例えば、座っているときの腰への負担は、立っているときの一・四～一・八五倍。座りすぎは腰痛を悪化させてしまいます。しかし、一時間ごとに一〇～四〇分の立ち仕事を加えると、腰の痛みに対する予防の効果があることが分かりました。また、座り仕事に適度な立ち仕事を加えると、体への負担が分散され、疲れにくくなるといった結果です。さらにメンタル面にも、立ち仕事を取り入れると「夜、よく眠れるようになる」「心と体のストレスが減少」「金曜日まで仕事のやる気をキープ」などの効果があることをデータで示しました。[※2]

※2 杏林大学医学部・古賀良彦教授（現名誉教授）監修による実証実験（二〇一五年）

北欧では時々立ち上がって働くことを推奨する公的なガイドラインのもと、九割もの企業が立ち仕事に対応したデスクを導入していると聞きます。また、米・西海岸のＩＣＴ関連企業などでは、当然のように立ってデスクワークをする光景が珍しくないそうです。

ちなみに、日本人の平日の総座位時間は世界最長の七時間[※3]です。

※3 岡村製作所ホームページ内「It's my style」スペシャルページより

近年は従業員の健康管理への意識の高まりもあって、時々立ち上がるワークスタイルの健康効果に対する認識が日本で広まりつつあり、同社が提案する「立ち姿勢を取り入れた働き方」に関心を寄せる企業も増え始めています。

●立ち姿勢を取り入れた働き方＝健康・効率・意思疎通

この事例から、「立ち姿勢を取り入れた働き方」がもたらす効果は、健康面だけに限らないことがうかがえます。「作業効率のアップは想定していました。ただ、コミュニケーションの活性化などは『多少効果はあるかな』と考えてはいましたが、予想以上の効果があるとわかりました」と、同社販促企画室長の武田浩二氏は振り返ります。

立って仕事をしていると、随時、ミーティングが始められます。また、「座位での会議に比べ、人数の制約が少ない」「全員がホワイトボードに向きやすく、向かい合わせにならないため対決姿勢になりにくい」「アイデアも出やすい」「会議が早く終わる傾向がある」など、「立ち会議」にはメリットが多いといいます。

そして、「仕事が効率よく進み、会議も早く終われば、早く家に帰って自分がしたいこともできるし、それがモチベーションや創造性の向上につながっていきます」（武田氏）とも。

今やモバイル端末と通信環境があれば、自宅や街角のコーヒーチェーン店など、どこでもデスクワークができる時代。仕事が済めばさっさと帰り、社内で残業しているふりをする必要もない。そうしたなか、オフィスの役割とは何かがあらためて問われ始めているといえるでしょう。

「オフィスの役割は、コミュニケーションに集約される」と武田氏はいいます。これまではもっぱら、会議室がコミュニケーションの場でしたが、最近ではオフィス内のカフェコーナーや、窓際のソファ席でもさまざまな話し合いが行われていて、垣根があいまいになっているようです。「話をすることでアイデアを膨らませ、一を一〇に、一〇を一〇〇にする支援を行うのがオフィスの役割。社外の人ともつながってコラボレーションするためにも、いろいろなシーンをオフィスのなかにつくっておくことが重要」（武田氏）というわけです。

同社には、「座敷」のオフィススペースがあります。さまざまな姿勢がとれる場所を選んで仕事ができることも重要、との考えから、設置しているのだそうです。ここにも、オフィスワーカーの体と心にフォーカスしながら、近未来のオフィスの可能性とシーンを探り続ける同社の〝姿勢〟が感じられます。

おわりに

タナベ経営では「経営とはバランスである」と提言しています。経営理念・ビジョンに向かって、戦略・方針、そして詳細な計画が立案され、ヒト・モノ・カネのバランスによって企業経営がなされます。このうち「モノ」のバランスとは、例えば在庫や設備投資の適正化が挙げられます。モノの変化を管理することはわかりやすく、いいかげんな管理をしていれば、不稼働在庫がたまり、遊休設備も社内で幅をきかせてしまいます。また「カネ」のバランスとは、キャッシュフロー、つまり借り入れの適正化を指します。カネの変化を管理することもわかりやすく、いいかげんな管理をしていればキャッシュフローは悪くなり、借入金が増えます。借り入れ余力がある間はよいのですが、資金がいよいよ回らなくなると倒産するしかなくなってしまいます。

ところが、「ヒト」の変化を管理することはなかなか表面化しにくく、打った手に対する効果も見えにくいのです。そして恐ろしいことに、問題が現象面として現れたとき、なかに踏み込んでみると「時すでに遅し」の状態になっており、想像以上にグチャグチャになっていることもあります。

早期離職が後を絶たない、新人も育たない、ハラスメントが横行している、改善提案も上がってこない——こうした人事課題に対し、とかく問題の原因を個人に押しつけ、「彼女には耐性がなかった」「彼の下では人が育たずに辞めてしまう」「うちの会社は改善提案を出せるレベルの人材がいない」など、原因他人論に終始する状態になると危険です。人事の課題を表象で捉えず、経営課題として本質的に踏み込んで、経営戦略レベルで討議されなければならないのです。

本書執筆中にも、人材に関する多くの悩みについて、企業経営者や経営幹部の方々とディスカッションしてきました。各企業の反応は大きく三つに分類されます。第一分類は、本書でも示したように「働く人を幸せにする会社をつくりたい」と前向きな思いを強く持っており、実現のために方法を模索している企業。第二分類は、「時代の要請だから従わざるを得ない」など、頭では分かっているが、心がまだ向き合い切れずにタイミングを逸している企業。第三分類は、「重要性はわかるが、今はその時期でない」と優先順位を低く設定している企業。ただ幸いなことに、人材に対して重要性を認識していない企業はほとんどありません。

人事の側面だけを見れば、第一分類が望ましいのはいうまでもありません。しかし、企業によって事情はさまざまでしょうから、今は優先順位を人事に置くタイミングではないと言う経営者に、「明日から、この問題にすぐに取り組まなければならない」と一様に押し切ることはできません。しかし、「人材への投資は、確実かつ効率的にリターンを得られる投資である」とお伝えしています。さらに、投資のタイミングが早ければ早いほど、回収のタイミングも早まり、人材が同業他社よりも抜きん出ている企業になれば、これ以上ない差別化が実現される点も同時にお伝えしています。長く着実に育った人材が発揮する影響力は、簡単には模倣できない重要な差別化要素となります。つまり、人材投資に手を打てない企業には、残念な未来しかないのです。

日本の歴史をひもといてみても、成功者の裏には巧みな人事戦略が見えてきます。例えば、戦国大名の織田信長の背後には、優秀な家臣団の存在が欠かせません。その人事戦略として、成果主義、抜擢人事、信賞必罰というキーワードが見えてきます。結果的に豊臣秀吉をはじめとする人材が発掘され、育ち、活躍していきました。組織としても、トップダウンで強烈に進める一方、部下に任せて勢力を拡大していったのです。

一方で、戦国の動乱が収まった世を安定的にマネジメントした徳川家の手法もまた秀逸です。安定的にマネジメントするためのルールや戒律を設定し、家臣の役割を明確にしていきました。また、参勤交代などの仕組みを設けて諸大名に方針を徹底させ、心理的に「従わざるを得ない空気」をつくったといえます。それぞれが時代背景を的確に捉え、心の機微に触れた人事戦略に取り組んだことが、江戸幕府を二六〇年間も存続させた成功要因になったといえます。

ただ、ご存じの通り、どちらも最終的にはゆがみが生じて、崩壊してしまいました。あらためて、「時代に合わせて変化する」ことの重要性を、歴史は教えてくれます。そして現在の日本は、その変化の過渡期を今、迎えているといえます。

会社と社員の関係は大きく変化し、「安定した雇用と生活を約束する。あなたも会社への約束としてガンガン働いてくれ！」という終身雇用時代の主従関係は崩壊しています。今までは、「生きる手段として仕事をしなければならない。だから会社のいうことに従って、生活の安定を得よう」という構図で、ギブ・アンド・テイクが成立していたのです。しかし、現代においては「会社が絶対に雇用を続けるとは限らない」とこれまでの前提は崩れました。そのため、「同じ労働力を提供するのであれば、より良い会社に行こう」と考えるのは、とても自然なことだと思います。

ただし、その良い会社の条件は、決して賃金や名誉だけではありません。本書で示したように、「働きがいのある」「人が幸せになる」会社に人が集まってくるのです。価値観が大きく変化するなか、その変化にいち早く対応（投資）することが、安定した業績基盤の構築につながっていくのです。だからこそ、今が好機であるといえるのです。

本書は、幸せな会社が一社でも多く増え、一人でも多くの社員の方が幸せになることを願い、執筆しました。少しでも皆さまの企業経営に役立つことができましたら、これ以上の幸せはありません。

最後になりましたが、事例の掲載に当たりご協力をいただきました各社の皆さまに、この場を借りて感謝を申し上げます。また、出版に当たってご尽力をいただきましたダイヤモンド社の花岡則夫編集長、前田早章副編集長、寺田文一氏、編集にご協力いただいた山本明文氏、クロスロード安藤柾樹氏、装丁をご担当いただいた斉藤よしのぶ氏、そして現場で共に奮闘するコンサルティングチームメンバー諸氏に、心より感謝申し上げます。

著者を代表して　大森光二

［著者］
山村隆（やまむら・たかし）
タナベ経営 戦略コンサルタント
中小企業診断士、WACA認定上級解析士。大手人材サービス企業を経てタナベ経営に入社。中堅・中小企業へのマーケティングや人事制度構築のコンサルティングを展開。「経営は関わる人を幸せにする仕組みづくり」をモットーに、クライアントの特性に応じたシステムを導入している。

大森光二（おおもり・こうじ）
タナベ経営 チーフコンサルタント
「良い会社に、良い人材が集まる」というポリシーに基づき、組織・経営システム、人事・賃金制度、マネジメントなどのコンサルティングで活躍。企業の本質的課題を解決する視点を持ち、戦略を現場に浸透させる「仕組みづくり」と、具現化できる「人づくり」において高い評価を得ている。

松本宗家（まつもと・むねや）
タナベ経営 戦略コンサルタント
中小企業診断士。クライアントの立場に立った現場優先のコンサルティングを実践。組織戦略や評価連動型人材育成システムの構築など、組織と人材に携わるコンサルティングに定評がある。「企業は人なり」をクライアント企業とともに体現することに心血を注いでいる。

［編者］
タナベ経営「人を活かし、育てる会社の研究会」チーム
大手コンサルティングファーム・タナベ経営の主宰する、人材戦略を主テーマにした「人を活かし、育てる会社の研究会」チーム。現在の企業経営における最大の課題である「採用・育成・活躍・定着」について、先進的な取り組みをしている企業、高い成果を上げている企業の事例を活用しながら研究を進めている。

ファーストコールカンパニーシリーズ
社員も顧客も幸せになる会社のつくり方

2018年2月15日　第1刷発行

著　者――山村隆／大森光二／松本宗家
編　者――タナベ経営「人を活かし、育てる会社の研究会」チーム
発行所――ダイヤモンド社
〒150-8409　東京都渋谷区神宮前6-12-17
http://www.diamond.co.jp/
電話／03･5778･7235（編集）　03･5778･7240（販売）
装丁――――斉藤よしのぶ
編集協力――安藤柾樹（クロスロード）
製作進行――ダイヤモンド・グラフィック社
DTP　―――インタラクティブ
印刷――――信毎書籍印刷（本文）・加藤文明社（カバー）
製本――――ブックアート
編集担当――寺田文一

ISBN 978-4-478-10443-9